长大后我就成了你

乡村教师访谈录

黄雪垠　范锡文　巢译方　编著

图书在版编目（CIP）数据

长大后我就成了你 ：乡村教师访谈录 / 黄雪根，范锡文，巢译方编著. — 成都 ：四川大学出版社，2023.10

（乡村振兴丛书）

ISBN 978-7-5690-6355-4

Ⅰ. ①长… Ⅱ. ①黄… ②范… ③巢… Ⅲ. ①农村学校—教师—访问记—中国 Ⅳ. ① K825.46

中国国家版本馆 CIP 数据核字 (2023) 第 174808 号

书　　名：长大后我就成了你：乡村教师访谈录
Zhangdahou Wo jiu Chengle Ni：Xiangcun Jiaoshi Fangtanlu

编　　著：黄雪根　范锡文　巢译方

丛 书 名：乡村振兴丛书

丛书策划：庞国伟　梁　平

选题策划：李　胜　徐丹红

责任编辑：李　胜　徐丹红

责任校对：周　颖

装帧设计：叶　茂

责任印制：王　炜

出版发行：四川大学出版社有限责任公司

地址：成都市一环路南一段 24 号（610065）

电话：（028）85408311（发行部）、85400276（总编室）

电子邮箱：scupress@vip.163.com

网址：https://press.scu.edu.cn

印前制作：四川胜翔数码印务设计有限公司

印刷装订：四川盛图彩色印刷有限公司

成品尺寸：170mm×240mm

印　　张：11.25

字　　数：214 千字

版　　次：2023 年 10 月 第 1 版

印　　次：2023 年 10 月 第 1 次印刷

定　　价：58.00 元

扫码获取数字资源

四川大学出版社
微信公众号

总序
做社会主义教育事业的接班人

四川师范大学校长　汪明义

国之大计，教育为本。2023年5月29日，习近平总书记在中共中央政治局第五次集体学习时强调，建设中国特色社会主义教育强国，“必须以坚持党对教育事业的全面领导为根本保证，以立德树人为根本任务，以为党育人、为国育才为根本目标，以服务中华民族伟大复兴为重要使命，以教育理念、体系、制度、内容、方法、治理现代化为基本路径，以支撑引领中国式现代化为核心功能”。教育大计，教师为要。教师，是播撒知识种子、传递文明火炬、赓续民族精神的使者，是学生心灵的塑造者和守护人。实现教育强国，好的教师队伍是关键和基础。师范大学作为专门培养教师的高校，其根本任务是努力培养合格甚至优秀的教育工作者，以践行自身的初心和使命。习近平总书记指出，好的教师要具备四种品质，即有理想信念，有道德情操，有扎实学识，有仁爱之心。这四种品质中，理想信念、道德情操和仁爱之心都是教育的德性表现。

以德为先是中国教育的历史传统。《大学》有云：“大学之道，在明明德，在亲民，在止于至善。”《左传·襄公》言：“太上有立德，其次有立功，其次有立言，虽久不废，此之谓不朽。”孔子为师，以其高尚的品德和渊博的学识成为儒家文化中的师者最高楷模。西汉的教师靠推荐上岗，东汉时有了“资格考试”雏形，隋唐时形成了完备的官学制度，但无一例外，无论是推荐制还是考核制，“德”都是排在第一位的。明朝的国子监设有“五厅六堂”，其中“绳愆厅”的主要职责就是对师生的品德操行进行监督与纠察。明朝还出现了教师上岗宣誓现象。教育家黄佐在《泰泉乡礼》记载，地方社学开馆之日，老师要当众宣读誓词：“凡预此会者，以立教、明伦、敬身为本。”可见，自古以来，为师者，德行是排在第一位的。

立德树人是中国特色社会主义大学的治学立场。习近平总书记反复强调“立德树人”是高等教育的根本任务，应在六个方面下功夫，即要在坚定理想信念上下功夫，要在厚植爱国主义情怀上下功夫，要在加强品德修养上下功夫，要在增长知识见识上下功夫，要在培养奋斗精神上下功夫，要在增强综合素质上下功夫。这六个“功夫”中，有五个是与“德”直接相关的。新时代里，围绕“培养什么样的人、怎样培养人”这一核心命题，四川师范大学从“品质、能力、素养”三个维度，确立了“三心四能五结合”人才培养总目标。“三心”即高度责任心、持续进取心、强烈好奇心。“四能”即良好表达能力、动手能力、创新能力、和谐能力。“五结合”的主体分别是社会担当与健全人格、职业操守与专业能力、人文情怀与科学精神、历史眼光与全球视野、创新精神与批判性思维。这一目标的整体指向就是为党为国培育有深厚教育情怀、有扎实学科素养、有使命担当的社会素养、有全球视野的国际素养的复合型、应用型、创新型人才。

德育，要在实践中凝练和升华。学校创新探索了“师德课程+课程师德”教育教学模式，通过夯实师德知识、养成师德情感、践行师德规范，强化师范生师德教育。坚持在实践中培育和强化师范生的师德。持续举办多次“我与名师面对面”“我为母校献堂课”等校园实践活动，切实加强对师范生成长的指导、引导和熏陶。推进留守儿童关爱、乡村教育调查、顶岗扶贫支教、乡村教育社会实践等系列活动，促进学生在教育实践尤其乡村教育中增强体验、涵养情怀、增长才干。

教育，润物无声，是一种智慧、一种境界、一种追求。雅斯贝尔斯在《什么是大学》中有一句充满诗意的话：“教育的本质是一棵树摇动另一棵树，一朵云推动另一朵云，一个灵魂唤醒另一个灵魂。”在教育实践中，通过教育事业接班人对老一辈教育工作者人生历程的追溯，对那些平凡但不平淡的教育故事进行挖掘和书写，这既是榜样示范的过程，也是师德沉淀的过程，更是师魂升华的过程。教育，就是通过这样代代传承，才能将文明传至久远。

新时代新征程，希望同学们牢记立德树人的初心和为党育人、为国育才的使命，继承和发扬老一辈教育工作者“捧着一颗心来，不带半根草去”的精神，以纯粹的赤诚之心、无私的奉献之心、持久的仁爱之心投身教育事业，做好社会主义教育事业的接班人。

前言
师者如光　微以致远

四川师范大学马克思主义学院副院长　范锡文

四川师范大学思想政治教育专业开办于1960年，办学历史悠久，文化积淀深厚，是四川省创办最早的思想政治教育本科专业，办学六十多年来已经培养了七千余名优秀中学政治课教师，2001年成为省级思想政治教育专业本科人才培养基地，2010年被批准为国家级特色专业，2019年入选首批国家一流本科专业建设点。

四川师范大学的思想政治教育专业始终秉承为师者应立德于行的原则，将师德培育作为专业建设的核心命题。将“有理想信念、有道德情操、有扎实学识、有仁爱之心”的“四有”老师标准与“政治要强、情怀要深、思维要新、视野要广、自律要严、人格要正”的“六要”思政课教师标准紧密结合，努力培养满怀爱心、学养厚实的思想政治教育专业人才。

发现乡村教师之美，弘扬乡村教师精神，以口述史助力思想政治教育专业建设是四川师范大学马克思主义学院本科人才培养的新举措。口述史最大的特点就是回到现实，让学生走出课堂、走出校园，走向社会、走向田野，去发现身边“活着的历史”。这既能有效发挥学生的主体性，让学生们在采风的过程中变身历史的梳理者、观察者和书写者，让那些高尚的师德品质不再是枯燥的文字，而演化为身边普通老师所散发出来的精神气质。了解职业前辈的生活、工作，理解他们的痛苦和欢乐，才能真正明白教师这一职业的伟大性，从而充分将“师德理想、师德观念以及师德价值”内化，促进立德树人价值导向通过具体机制得以转化和落实。

访谈法作为一种研究方法，具有鲜明的实践性和合作性。马克思主义学院连续举办两届“我身边最美乡村老师”的口述史大赛，积累了大量的一手材料，共有30多个个人或团队参加了比赛，形成约100个小时的访谈录音、25万字的访谈记录和20万字的成文稿件。通过活动，学生从宏观方面了解新中国的教育发展史，知悉了“代课教师”“民办教师”这些历史词汇背后的艰困和不易。从微观方面讲，在对具体个人职业生涯的梳理中，学生真正了解到改革开放以来我国基础教育领域尤其是乡村教育发生的翻天覆地变化，切身感受了这些平凡教师身上所蕴含的强大而坚韧的力量，从而极大增强职业认同感和使命感，自觉主动把立德树人的任务落实到自己的具体行动中。

口述史的实践还在不断探索中，以匠心唤初心，以初心铸未来，在思想政治教育专业的建设中，我们还将推广这一实践教学模式，培养堪当时代大任的思想政治教育工作者。

目　录

上　篇

下　篇

上　篇

不忘初心：我与共和国一起成长

——唐光和老师访谈录

张　琪　封海蓉

访谈人物：唐光和

访谈者：张琪、封海蓉

访谈时间：2022 年 1 月 26 日

人物备注：

唐光和老师

唐光和，生于 1937 年，四川省内江市资中县马鞍镇（原皇觉乡）人，小学高级教师。1958 年年初他登上讲台，曾先后在皇觉小学、拾童村庙小学、李子冲民办学校等校任教。在职期间唐老师任劳任怨、克己奉公、关爱学生、教导有方，将自己的青春热血挥洒在乡村教育的事业中。他勤奋好学、多才多艺，做过小队会计，当过宣传员，在教学中曾身兼多职，既是语文老师，也是孩子们的数学、历史、音乐、体育、美术老师。四十余年来，他致力于资中县乡村基础教育事业，是资中县乡村基础教育发展的亲历者和创造者。

踏上教师的路途

采访者：今天很高兴也很荣幸能够采访到唐老师您，想向您了解一些关于新中国成立之后乡村教师群体以及乡村教育的时代变迁，所以我的问题会涉及您的一些个人基本信息、任教经历和任教感悟等，请唐老师先作一下自我介绍。

唐光和老师：我这个人，从小就喜欢教书这个行业，我在读书的时候，就认为当老师教书是非常光荣的一件事。小学毕业过后，人家的父母都说，希望自己的儿女能考上学校，我的父母年纪大，都是文盲，还都是农民，种庄稼的，他们只有我一个儿子，我有四个姐姐，父母四十几岁了才生的我。于是，我要去考学校，我们班上四十多个人，只考上八个人，我刚好排在第九名，差一分考上学校。不过，虽然我没考上，但我家附近有所学校，我特别喜欢去那个学校，也喜欢和里面的老师交流。

在那个学校里我遇到一位老师是从部队转业回来的，我叫他余老师，他人非常好，很愿意和我沟通。我呀，从小就喜欢拉二胡，他喜欢搞文娱，所以我们就有了共同话题。我教他拉二胡，他教我拉手风琴。有一天，余老师问我："唐光和啊，你想不想教书当老师呢？"我说我想教书，但是我是高小毕业哪儿能教书呢？没有那个能力呀。余老师说："慢慢地培养嘛，双龙区那个教办主任，是高小毕业，他当上教办主任，我们学校的校长，也是高小毕业，他当上校长，我看你很有发展前途哈！"就从那天起，我开始努力学习当老师的知识。我刚学习了一个星期，余老师就通知我说他要去县里学习，让我帮他代课，因此16岁的我就登上了讲台，代了一个星期的课。当时我代课的那个班有几十个学生，我把他们带得非常活跃，教他们唱歌、拉二胡，哎呀，搞得热火朝天哩！一个星期后余老师回来了，我就交班了。交班走的时候班里的学生们还舍不得我走呢！从那天起，余老师就鼓励我："哎，唐光和，你是个教书的材料，你慢慢学习，可以的！"那时候要选农村小队会计，选村上扫盲班的教师，需要有文化的人去，当时有学习机会的主要都是干部，但普遍文化水平都不高，于是大家就推荐我去，给那些扫盲班的学生上课。在当时的扫盲班里头，有位老师是高中毕业的，我是高小毕业的，但我们一起上讲台的时候，我讲得有声有色，大家都在一个劲鼓励我。

采访者：您还比他讲得更好？

唐光和老师：对呀！所以说当时我就认为教师好光荣，更坚定了我当老师的想法。之后1958年办民办学校了，乡上就推荐我去学习，于是我就正式踏上教师这条路了。经过半个月的学习之后，回来就进民办学校教书了。哦呀！搞得轰轰烈烈的，学生很拥护我，我也非常喜欢他们，家长们也非常喜欢我，认为我这个人呀，很活跃，领导也很重视我，那个原来培养我的余老师，我和他在学校里合作得很好，他也喜欢我，我也尊敬他。

那年春节演出的时候，我和余老师一起组织编排节目，那会儿哪有电影哟，只有舞台剧，我当主角哦！大家都很喜欢，那会儿一场有几百人观看哦！然后呀，我在民办学校任教三个学期后，1959年下学期，刚刚教到二年级，乡上就推荐我去读进修校，但我们的校长不乐意了。我们那个校长，非常重视我，每次去区上听党课都喊我一起去，他经常对我说："唐老师，你是个年轻人，学校这么多老师就数你最年轻了，你留在学校我们会好好培养你的。"他意思是在那个学校里面要把我培养成骨干教师嘛，结果突然得知我要去进修校学习，校长当时就背上了"包袱"，他说："我培养你这个人唉，培养到这么年轻个人唉，突然说要调走了，今后还能不能回我们学校来呢？你别慌，你别慌着走，这事我要调查清楚！"我说："校长的意思就是不想要我去嘛。"

第二天，区里面开教师大会，我也去咯，校长也去了。他就问那个教办主任："你们是不是通知了唐光和去进修校学习啊？""是啊。"校长听完后沉默不言。后来，校长也没找我谈话了，教师大会回来后，我就把行李准备好，把手上的课交给其他老师，办好相关手续，挑着生产工具，一边劳动一边参加学习去呢。我记得1959年下半年，正是困难的时期，去进修校的老师都拿着生产工具的，我也拿着生产工具，但我较少参加劳动，因为我们学习时间很短暂，只有一个学期，所以我就奋发图强抓紧时间拼命学习。那个学期太艰苦了，在进修校那会儿我们还要参加新校舍建设，要去树林里拉树木回来做桌椅板凳、床铺，一天工作下来，累了就睡地上。

进修学校的环境特别差，两间茅草房，教室是用泥巴堆起来，再用草堆在上面，因为害怕别人偷修建的材料，所以晚上还要有人守夜，白天才回去吃饭，条件非常艰苦。由于当时分给我们的粮食很少，加上工作量又大，久而久之大家都觉得心理不平衡。

有一天，进修校校长亲自走到我屋里来："唉，唐光和，下学期就是腊月了，正月就要开校了，三年级的年级组长还缺人，你要来当年级组长哦。"我就推辞说："哎呀，我的陈校长呀，我没那个能力，我担任不了，你还是去喊黄子辛来嘛。"黄子辛是个幼儿教师。"黄子辛？黄子辛只有带小娃儿，她不行哈，我知道你的情况，也去学校专门调查过，就你的学习最好，你一定要来哈！"我喜欢音乐，喜欢唱歌，学生比较拥护我，欢迎我，从一年级到六年级我都在任课。

当时的村校里就差个音乐老师，校长就决定调我去村校当音乐老师，我们二大队只有两个音乐老师。村校每个年级都是三百多人，一年级、二年级、三年级、四年级、五年级、六年级，都是三百多人，我去当音乐老师搞得轰轰烈烈，老师高兴，学生也高兴，没有风琴，教音乐时我就拉二胡，学生都在鼓掌！刚过了几个星期，二大队的家长就来反映：为什么把唐老师调走了？我本来在二大队，村校在一大队，把唐老师调走了学校就不闹热了，赶紧把唐老师调回来！二大队反应激烈，要把我调回去，一大队没办法，又把公社管学校的书记和我们学校教学主任叫来，教学主任当场就不同意了："唐老师在这儿搞得轰轰烈烈的，你们要调走？怎么行！不行！"话音刚落，他就敲钟了，一敲钟全校都能听见歌声，因为上课之前要唱歌。哦哟！歌声朗朗的，非常热闹！随行的陈老师就问那几位干部，你看，唐老师来后学校搞得热火朝天的，你们要调唐老师回去，你们就是来泼冷水的！哈哈哈哈，这下就让那个主任和学校的书记难堪了。"你要调走，怎么能行？听！全校歌声朗朗，这都是唐老师您的成绩！嘿！"

采访者：都是您培养出来的学生，大家都舍不得您走。

唐光和老师：噢，就不准我走，后来校长、主任跟书记看二大队的反应也太大，最后决定调我回去。校长对我说："你还是暂时回去，我们另外想办法。"主任说："好嘛！暂时同意你回去，你要帮我把这个事情解决好！"于是，我就顺着他们把这事搪塞过去了，把事情解决好就走了。

我刚走出门，走到学校旁的堰塘边上，就看见一群学生向我跑来，边跑边叫："不准唐老师走！不准唐老师走！"他们不要我走，在这种情况下我也舍不得那些学生，学生也舍不得我，但没办法，还是得回去了。回到二大队后，刚过了一个星期，一大队的学生家长又开始反映："我们村校没有音乐老师，要唐老师过来，你们二大队必须想办法！你们把我们学校当成啥子！"于是就向学校反映，向公社反映，最后还是校长出面去安抚，又重新找一个老师来，他们才满意了。

后来，我一直在二大队民办学校教书，工资按人头计算，一个学生算八分钱，另外国家每个月补助五块钱。一个小队，八分钱一个劳动日，八个小队，也是八分钱一个劳动日，其他地方有的几角钱一个劳动日。我们那个班有七十多个学生，一个学期下来，你看能拿多少钱？私下跟那些小队会计关系好，那么就能拿到钱，假如和小队会计关系不好，去一两次都拿不到钱。一个学期能收到的钱寥寥无几，但是我还是凭着一腔热血和对教育的热爱坚持下去了。我在民办学校教书那会儿，没有现在这样的桌子板凳，就在学校后的坟山里头取石头来做桌子，支撑桌子的东西也是石头做的，板凳也是石头做的。我的学生有七十多个，教室根本坐不下，一张桌子也不长，坐三四个人，写字都要挤着写。我记得刚进学校的时候，给那些年龄小的学生辅导，他们都不会写字，于是我就握着他们的手慢慢教他们，他们都没上过幼儿园，字怎么写，笔怎么握，都要跟他们讲清楚。

采访者：哦？那时候没有幼儿园吗？

唐光和老师：学生没有上过幼儿园，进学校就是一年级。那会儿没有像现在这样专门用于写字的本子，本子都用纸来裁，学生拿纸来我要给他裁好、整理好。所以说，学校领导、公社都对我评价比较好，后来推荐我到民办学校教书，我还当过班主任，在李子冲学校的时候，当过四年级的班主任，而且当时全校六个年级的音乐课由我负责，还要教老师们学音乐，所以那时候任务很重的。

采访者：您又要当班主任，音乐课也是您教？

唐光和老师：是呀，又要当班主任，又要辅导全校的音乐，要是有其他老师能上的话，音乐课也不用我来上了呗。我们那会儿一节课45分钟，早上几节课，从进学校一直上到中午，放学回去吃了饭，又是几节课，一直干到下午放学，不像现在的老师，教语文的就只教语文，教数学的就只教数学噢，我们一天要上满。我们那时候教书好辛苦，天还没亮，就要去农业社做活路（农活，栽秧子、挑粪等等），做完活路再去学校上课，下午四点下课又去农业社做活路，晚上回来还要备第二天的课。一天在学校三个活路，农业社两个活路，其中清早一个活路。我当会计兼教书的时候，考试了，几十个学生的语文、数学卷子要一一看完，还要在通知书上写评语，上面要写某某学生语文多少分，数学多少分，平时表现怎么样，每天要做到非常晚。当生产队要做结算时，我既要把账目做好，又要把学校事情弄好，经常做到深夜，妻子带着孩子睡得呼噜连天，我还在工作，那会儿又没有电，就点个煤油灯，你说艰苦不艰苦！后面没多久，就通知我转正了。

采访者：噢？您是怎么转正的呢？

唐光和老师：上面安排的，转正要有硬性条件，有政策的，哪些民办学校老师在哪种条件、哪种工龄，出了哪些成绩，才可以转正，条件不够就不给转。我转正的条件，一是工龄长，二是高级教师，三是做出了成绩。推荐我去转正的时候，那一年全县只解决50个人，我排在第一名，后面查了我的档案，发现我以前当过几年会计，就以第九名转正了。

我转正后，马上调去了中心校当老师，原来是在村校任教，中心校管全乡六个大队的学生。先说调我去中心校当会计，管成人教育。当时调我去的时候，县上给我做思想工作，他们说你来中心校当会计，三年级有16个学生，你就教语文课，当时听了我就不干了，我说你要是让我当会计还要让我任课，我就不愿意了。后面民办学校副校长来找我谈话，他和我以前认识，也是教过民办学校的老师，他冲我发火说："你不干，领导安排的工作凭什么你不干？"我说："刘校长，不是我不干，我又要当全乡几十个班的会计，收费由我掌握，又要教课，我任务太重了。还有一个班由其他队转过来接近40名学生，加上师范学校的女老师还在谈恋爱，经常要去资中城里见男朋友，又要安排我帮她代课，我的担子就更重了。”我就不同意。接着教办有个人事干部又来给我做思想工作，他说：“唐老师，你暂时做着吧，领导会想办法解决的。”校长也对我说：“会计你一定要做，那个人多的班你就暂时不上了。”于是，我就安心做会计了，上课也只去16个学生那个班了。

把会计工作接下来后，领导又把成人教育的工作分给了我，当时是第一校长管全盘，第二校长管教学业务，我就是第三校长，管全乡的扫盲班。那会儿一个大队有一个扫盲主任教师，一个小队配一个扫盲教师，这个任务就交给我了，相当于我又要当会计，还要利用业余时间当主任教师，这个任务太重了，乡上还发了聘书的，工作就一直这样做着。当上成人教育的教师后，我就专管成人教育和会计工作，那会儿成人教育扫盲班的工作还是挺重要的。在这样的多岗位工作持续很长时间后，我想了想实在还是过不惯这种生活，主动提出要回去教书，于是会计工作交给了其他老师，我就回去上课了，教四年级的语文。后来，教办的人说：“唐老师你年龄也这么大了，你做了几十年的会计没出过一点问题，一直都是先进教师，万一回来在这短短两年出了什么问题怎么办呢？”我想了想确实是这个道理，于是过了一段时间又把课交给和我一起上班的刘老师，他笑着打趣道：“唐老师，那现在我给你代课咯？我的担子就变重了哦。”提交相关资料后，没多久我就退休了。

路途的曲折与光明

采访者：在您的故事中也提到当时教师是非常辛苦的，那是什么支撑着您，让您坚定了继续做教师的信念呢？

唐光和老师：我们读书时，从家到马鞍山去上学有八里路远。记得那时候上学路上要经过一座桥，桥上人在走，桥下水在流，水里的小鱼们听着桥上人走路的脚步声就会聚在桥下来，所以叫小鱼桥。有一年涨大水时把小鱼桥淹没了，就要换条远路从拐子桥绕到大油桥去上学，要走十里路，但我不怕困难。早上公鸡还没打鸣，我就已经起床把两个红苕（红薯）放灶灰里烤起，中午学校的老师吃饭时，我们就去操场耍，看到食堂边挂着一板一板（很多）的肉，心头想着老师又打牙祭了，老师过得这么滋润，嘿嘿，以后我也要当老师。我们放学回家后，就把烤好的红苕拿出来把皮刮掉，我们三四个小孩儿，一人吃一小坨，有时候一天能吃两次，有时候一天只能吃一次，就是这样过来的，那会儿好艰苦的。

有一次我听到老师们在争辩，有位老师就发言说：“当老师没出息，女朋友都不好找，那些女娃儿一找有钱人，二找公务员！”另一个老师就起来驳斥他那个说法：“报告！这个老师说法不对，人民教师是人类的灵魂工程师！是塑造人的人，人民教师光荣！走到哪里人家都要叫你一声老师。在农村，太阳毒辣，农民都要在地里做活路（干活），教师在教室给娃娃上课；落雨天，农民栽红苕，头上戴斗篷，背上穿蓑衣，走泥泞的路，教师在学校给学生上课，这不光荣吗？你怎么能说没有出息呢？有出息！”

当时我心想，本来就是这个道理嘛。所以我对我的子女都是这样说的，我说过去的人民教师条件确实不好，但人民教师光荣啊，就是这份信念支撑着我。再加上童年时我就想当教师，虽然在进修校学习时我就体会到当教师好苦啊，但自己时刻把“人民教师是人类灵魂的工程师”这句话放在心中，所以困难也就克服下去了，后面生活逐渐就好起来。我要是不坚持下去，就没有今天了。

采访者：要想有一个好的未来，还是要把这份工作继续坚持做下去。

唐光和老师：在当年那种艰苦的条件下，的确有些人就退出了。狮子公社有个转业军人回来当教师，他待遇很好，300 块钱一个月，但是花钱经常大手大脚，后面就没做教师了。而我就一直克服困难，是心中人民教师光荣的信念一直支撑着我。

采访者：那在您整个教育生涯，您的工资发生过怎么样的变化呢？

唐光和老师：哦哟，变化大得很。我开始教民办学校的时候，每个学生的学费是八分钱，一个学期总共贰角四。国家每个月补助五块钱。有的生产队每个劳动力等值的学费是一角钱，也就是三块钱，一个学期能收拢来六七十块钱。但我觉得自己是个老师，不管怎样都要坚持下去，后来转正了，每个月有三百块钱，到 1998 年退休时，我一个月有五百多块，现在涨到五千多块了，涨了好多嘛，这就是党的政策英明呀。

采访者：那您当时的工资和其他职业相比有什么不同呢？

唐光和老师：老师的工资在那会儿还是不算多的，那会儿供销社、粮站待遇就很好，就教师这一行来说，是清水衙门，所以困难时期那会儿，好多老师都不愿意教书，有关系的就跑去粮站、供销社了。供销社有物资，什么都不缺，要油有油，要糖有糖；粮站不缺粮，天天肚皮吃得饱。教师在那个时候很多人都不愿意干的，没有物资，工资又低。我那会儿在民办学校，有时候半年都拿不到补助金，有公立学校的老师七个月没拿到工资。困难时期嘛，我们补助费一个月五块钱都拿不起了，生活也就更困难了，在农村吃苕尖（红薯嫩叶）、吃红苕，生活困难，你们都没体验过那种生活。我在进修校的那段时间，是我人生中最不好过的时候，一天才吃几两米，一个小碗儿几坨红苕加点米汤，那个怎么够吃？吃了饭也脚耙手软（身体软弱无力）的，又没钱去买吃的，有钱的人也要排很长的队，只为买玉米饼，大多时候都买不到，你看现在买东西，哪里都能买到了，商品多得很。

采访者：对，我们没过过那种苦日子，现在科技发达了，国家富强了，物质条件都很充足。

唐光和老师：在学校里面，那会儿发放的物资来了，几十个民办学校老师，几十个公立学校老师，发三节布票，一节布票五尺，布票可以用来买布，没布票就买不到布。那会儿买油要油票，买粮要粮票，买布要布票，这些布票发下来主要就给校长啊、主任啊、会计啊，不太公平。如果拿给民办学校老师，公立学校老师要闹；拿给公立学校老师，民办学校老师又要闹，结果大家就提议这几尺布票通过抓阄来确定谁拿，抓到了就可以拿去买布。还有，发几盒火柴下来，一个老师分几根火柴；发几坨肥皂下来，每人切一条，只分得到一丢丢儿（一点点）。哎呀，有两个老师吃饭为舀米汤打架，因为插轮子（插队）打架，前面那个老师是个地主，后面那个老师是个贫农，贫农就骂："你地主崽崽，你要打老子们啊？"这个地主老师就说；"难道你是国民党党员？敢和我俩打架？"你看，生活困难时候因为舀米汤都能打架，现在谁还喝米汤，都拿去倒了。

采访者：要是您对这个事业不热爱的话可能也坚持不下去了，所以就是这份热爱和"教师光荣"信念让您坚持了下来。

唐光和老师：对呀，我教的学生有当军官的。民政局副局长就是我的学生，他原来也是教民办学校的，初中还没毕业就回来办了个民办学校，在家用板凳当桌子，坐地上。后面他调到青年公社去了，当青年干事，再是乡长，再是书记，又提到区里当区长，还当区委书记，后又调到民政局当副局长。部队上、司法局都有我学生，都比我过得好嘛。再给你说个事，我在当会计的时候，我整理的账目、发票都是整整齐齐的，其他人都弄得乱糟糟的，区里面负责人拿着我的发票说：你们看看，皇觉公社的唐光和，发票理得整整齐齐！账目干干净净的！表扬我的当天晚上就喊表演节目，四大队有位会计说："我去表演节目，吐火！""要的嘛，要买些啥？""买根白线，买半截铁棍，买个瓦罐，我吐火！"然后就给他买了，上台他用洋油表演吐火，台下的文化大队就在吼："哪个公社的？洋油！吐火！崇洋媚外！给老子下去！"其实他不一定崇洋媚外，但讲到洋油、洋火都脱不了干系。当时还让公社辅导会计写检讨，喊区上会计写检讨，后来那个辅导会计就给我说："你唐光和去表演个节目呗？"

我本来做过会计，我就拿个算盘上台，唱我的算盘小伙计那个歌，我给大家唱来听：“我的个算盘好呀好伙计耶！来在那舞台上闪金光耶，从早一直忙呀忙到晚，劈里个劈，啪啦个啪，劈里个劈啦啪啦个啪，唱出了丰收的好消息耶！好消息耶！社员们都欢喜！”哎呀你不晓得，台下就一直掌声雷动。我在二大队教书时，区里面晚上组织文娱节目演出，我们二大队那些青年、团员嘛，排《十大姐》《七仙女下凡》这些节目去区里面演出，都是得到了表扬的噢，还让我住那儿，头天下午去，第二天还在那里住噢。我们队演节目，四大队也出了个节目，他们演话剧，台下观众就一直吼：“关了！关了！你们演的啥子节目噢，不好看，下去下去！”嘿嘿，我们的节目服装舞蹈都准备得很好，比他们受欢迎，党委书记都在大会上宣传，二大队唐光和，多才多艺，团委工作搞得很好。在资中考试时，有个高中生和我一起，我是高小生，我考 92 分，他考 60 分。在公社开会，管学校的那个书记就说：“怎么样？有的人高中毕业考 60 分，唐光和高小毕业考 92 分，怎么样？要勤奋学习嘛，虚心一点嘛。”

我想对你们说

采访者：唐老师，您觉得在您的教学生涯中最大的成就是什么？

唐光和老师：最大的成就就是教了几十年书，培养了许多学生，有干部，有师范生，有军人，桃李满园嘛，从开始教书到退休，培养的人才满天下嘛。

采访者：唐老师桃李满园了，也始终坚持着对教育事业的热爱，那您愿意自己的子女从事教育行业吗？

唐光和老师：我自己的子女现在就有当教师的，我是非常愿意他们从事教师行业的，因为我就喜欢这个行业。过去也许有人是瞧不上老师的，但是现在，在党的正确领导下，教师是最光荣的，国家也是一直很重视教育的，人民教师是人类灵魂的工程师，是塑造人的人得嘛！师者，所以传道授业解惑也！一个学生能成为什么样的人，就靠教师培养，不管你是部队官兵，还是国家哪一级干部，都要从学校这一级出发嘛，都要从受教育者出发。

采访者：那您认为什么样的个人品质、性格和能力对做好教师这份工作来讲是最重要的？

唐光和老师：要从个人做起，以身作则。你要培养什么样的人，自己就要成为什么样的人，要以自己的亲身经历去影响和培育下一代，要有耐心，和蔼可亲，循循善诱，粗暴肯定就不行，所以我的学生都很尊敬我。我有个学生现在当体育老师了，在街上碰着我，他当时带着孩子一起，人手一只鸡腿，看到我，赶紧就要拿给我吃，我说不要不要，他非要让我吃，尊敬我嘛。我教书那会儿满四十岁时，学生坐了两桌，给我祝贺生日，现在他们在外面时常都要问唐老师身体好不好呀，都在关心我。不管是老年大学还是川剧团的人，都觉得我和蔼可亲、与人为善，合得来。在茶馆休闲，别人都吵吵闹闹的，我从来不吵，输就输嘛，赢就赢嘛，吵啥子嘛，所以大家都愿意和我打牌。

采访者：您认为现在当老师，是自己的道德品质更重要还是知识渊博更重要？

唐光和老师：道德品质更重要嘛。道德品质代表个人修为，知识渊博靠勤奋学习嘛。《资治通鉴》云"才者，德之资也；德者，才之帅也"。你多勤奋学习，知识就渊博了，但是德是最重要的，没有良好的品德，怎么学得好知识呢。

采访者：这让我想起我们学校的校训——重德、博学、务实、尚美，把这个德放在第一位，所以品德对于教师来说还是更重要的，听了唐老师的一席话我感觉受益匪浅。

唐光和老师：但是唉，说实话，后来者居上，像我们只是小学教师，你们今后就比我们高级多了。

采访者：如果没有你们在前面铺路，也不会有现在的我们，还是非常感谢你们的付出，才会有教育事业蓬勃发展的今天。正是你们这样的教师群体，扫除文盲，让乡村大众获得教育，为国家做出巨大贡献。唐老师有什么想对当今青年教师群体说的或者能给出一些建议吗？

唐光和老师：我认为首先要有良好的品德、渊博的学识，要学习本领，把下一代教育好，让他们学习好，使我们国家的建设人才逐年增加，越来越好。我们的方法已经跟不上现在的形势，现在的更科学了。我们教书那会儿一个高小毕业都算是文化高的了，现在初中生高中生已经很普遍，国家发达了。其次，和学生家长交流是很普遍的，所以要好好沟通，无论学生表现好坏，都要经常与他们家长沟通。最后，要一直保持循循善诱，我教书时在学生面前从来不爆粗，给学生耐心讲解，讲明道理，你如果强迫他，他还会恨你，所以我一直强调不管在哪里教学，都要有耐心。

采访者：这就是桃李不言，下自成蹊嘛。那唐老师您觉得现在的孩子，我们当教师的应该注重培养他们哪些能力呢？

唐光和老师：第一，要培养对党、对国家的爱。没有共产党就没有新中国，没有党就没有今天；没有习近平总书记领导，没有中央领导，就没有今天的幸福。第二，从学识上来说，把所有知识学好，在国家建设当中出力，把我们国家建设得更加富强，要从这方面教育，多学本领、知识；同时，注重道德培养，对那些不正之风要拒绝不要沾染，而且要进行打击。总之，爱党、爱国是首要的，然后自己必须努力学习，将来成为国家的有用人才。第三，我们国家会更加进步，超过西方，要让孩子们对自己的国家自信。要有这个雄心，你以后当上教师了，就从这方面教育学生，使学生体会到今天祖国的富强是怎样来的。要感谢共产党、习近平总书记，还有前辈人，我们国家建设得这么好，是那些革命先烈用鲜血换来的。也祝你努力学习，争取当一个光荣的人民教师、优秀教师！好好把下一代培养好，使我们祖国更加繁荣富强！

访谈后记

在这个假期，我有幸采访到曾当过乡村教师的唐光和老师。通过这次交谈，我对教师这个职业更加尊敬与崇拜。

唐光和同志自从当上教师后，就把自己的全部青春献给了教育事业，无论教学条件多么艰苦，环境多么恶劣，他都能克服困难，不忘初心，凭着对教育事业的热爱，始终铭记“人民教师光荣”这一崇高信念，坚守在自己的岗位上执著耕耘。

现如今，科技不断发展，社会不断进步，人民教师们身处的环境也早已沧海巨变，但他们对学生的爱，对学生的责任感从来没有变。从唐老师身上，我领悟到了人民教师四个字的真正含义，它是一种甘于奉献、勇于担当的精神，犹如蜡烛一般，始终燃烧自己照亮他人。

唐老师说得真好，“要培养学生对国家、对党的爱；要把知识学好，在国家建设中出力；要让孩子们对自己的国家自信”。铭记前辈来时路，莫负春光向未来。我们国家日益强大，离不开乡村教师们的付出与努力，他们的精神与品质是我们学习的典范，他们于平凡中彰显伟大，向他们致敬！

作者简介：

张琪，男，四川师范大学学前教育本科2019级本科生。

封海蓉，女，四川师范大学学前教育专业2019级本科生。

教育路漫漫，珠颜未曾改

——苏珠颜老师访谈录

苏　琦

访谈人物：苏珠颜

访谈者：苏琦

访谈时间：2022年1月24日

人物备注：

苏珠颜，女，1959年生，广东省茂名市新坡镇沙车村人，中师学历，小学高级教师。1981年她以代课教师身份从事乡村教育工作，2014年退休。她先后在茂名市新坡镇关车小学、茂南区凰渐小学、爱群小学等多所乡村小学任教。1992年到1996年期间她在中等师范学校学习，获得中师函授学历，在职期间曾到粤西地区更为偏远的罗浮桥头村桥头小学支教。苏老师以春风化雨、循循善诱的教学风格帮助乡村孩子克服学习困难，助力升学梦想，多次被评为优秀教师。苏珠颜老师还将教学理论与教育实践相结合，撰写过多篇关于中小学教育教学的论文，获得市级嘉奖。

苏珠颜老师

摘要：党的二十大报告指出：“要坚持以人民为中心发展教育，加快建设高质量教育体系，发展素质教育，促进教育公平。”新时代的乡村振兴事业和社会主义现代化强国建设对乡村教育事业提出了新要求，乡村振兴离不开人才资源的支撑，人才培养也离不开乡村教育事业的发展进步。我们对接受过中等师范教育的苏珠颜老师进行访谈，记录她的求学经历、乡村教育经历和教学启示，对于激励广大青年到祖国最需要的乡土大地上实现人生价值，推动乡村教育事业发展进步具有重要意义。

关键词：中等师范；乡村教育；乡村教师

访谈背景

结束十年“文化大革命”，党中央拨乱反正，国家治理和发展逐步走上正轨。1977 年高考制度恢复以后，人民群众受教育的权利得到进一步保障，受教育需求也逐渐增加，社会上掀起“考大学”的热潮，教育领域面临着新的挑战。为了在较短时间内解决中小学教师缺口巨大的问题，保障广大人民群众受教育权，尽快恢复和发展中等师范学校成为师资培养的工作重点，中等师范教育也进入快速发展时期。1980 年，教育部确立中师、专科、本科三级教师教育体制。国家通过考试选拔大批品学兼优的初中毕业生进入中等师范学校学习 3～4 年，这些学生毕业后统一分配到生源地的中小学从事基础教育工作。

改革开放后，我国设立的众多中等师范学校成为培养乡村教师的重要摇篮和主要渠道，中等师范学校的毕业生在填补乡村教育人才资源缺口，推动我国乡村基础教育事业发展进步和促进国民思想文化素质水平提高等方面发挥了建设性作用。这批中师毕业生肩负起时代赋予他们的使命责任，克服路途遥远、电力紧张、教学条件简陋、工资待遇低等诸多困难，在祖国大江南北的乡土大地上承担起教书育人的重要使命。他们当中的绝大部分人自中师毕业后一直从事乡村基础教育工作直到退休，为乡村、为人民、为国家奉献了自己最美好的青春年华。

为了提高师范生学历教育水平，1999 年教育部调整师范学校的体制和布局，将原有的“三级师范”调整为“二级师范”，中等师范学校通过升级为高校、转办职业高中、合并升级为专科学校、停办中等师范学校这四种形式逐渐退出了历史舞台。中等师范教育虽然已经成为过去式，但是其值得我们总结和思考，并可以将它运用于新时代乡村教育事业。

热爱是教师的原动力

访谈者：20 世纪 70、80 年代是您读书和开始工作的时候，当时乡村教育各方面条件都比较艰苦，您为什么选择走上乡村教师这条职业道路呢？又是什么支撑着你多年来一直坚持从事乡村教育事业呢？

苏珠颜老师：我的父母都是农民，当时家庭经济情况还算良好。在我们那个年代能够上书房（上学读书）是很难得的，特别是女孩子。有些家庭的父母认为女孩子不用读那么多的书，早早地嫁人结婚，嫁到一个经济条件好的人家才是享福，但是我的父亲坚持认为读书才有用，人要读书才有出息，所以不管生活有多苦、多难，他都要供我们几个兄弟姐妹上书房。平时他下午喂完牛牵牛回牛棚，我们也刚好放学回到家，他就在池塘边砍一根竹枝，让我们坐在院子里趁着太阳没下山、光线充足的时候抓紧时间写作业学习，因为那个时候农村都还没通电，他就在旁边监督我们，只要我们一有小动作不专心学习，他就用竹枝“啪”的一下敲在桌面上，我和兄弟姐妹都吓得一闪，再不专心的话父亲就会用竹枝直接“藤条焖猪肉”——抽手心。我的兄弟姐妹比较多，一共有七个，我在家中排行第四。在我父亲的影响下，我们都接受了不同程度的教育。我最记得我父亲常对我们说的一句话就是：“现在读书学习不吃苦，将来就要像我一样一辈子吃生活的苦。”

除了受父亲影响以外，我选择当教师还有一个重要原因是从小上学就觉得教师很伟大，立志勤奋学习将来要当一名教师，才能对得住老师那么用心教导我，所以我就有那种动力和倾向去当一名教师并认为教书比当时其他任何职业都要好。在我上书房的时候，家里经常都是早上煮一锅很稀的粥，就一点菜头（粤西地区的萝卜干）吃，好一点的话喝了粥还能带上一个红薯就去学校了。我开始教书是在 1981 年，当时在农村教书还不像现在这样，需要招聘考试才能录用，当时出生人口多，老师少，特别是我们农村里的小学，一个老师要兼任多门课程的教学，而且那个时候老师工资比较低，还没有什么保障，有些老师坚持不下去就转行了。我记得那个时候校长都握着他们的手让他们不要走，说以后会好的，想要离开的老师眼睛也红红的，的确当时教书比较艰难，所以不管何种选择，在我看来其实都没有好坏对错之分。

选择当教师的背后还有一件比较搞笑的事情。也是在 1981 年的一个晚上，村干部来到我家找我。我看见他就问：“这么晚了你来这找我有什么事吗？”我和他说说笑笑，他就说：“我想叫你去做一份工作你愿意吗？”我当时就回答：“愿意，只要有工作给我做，我都愿意！”村干部又问：“你真的愿意吗？”我又答：“真的愿意。”他和我说：“如果我让你去捡牛屎呢？”我就笑笑说：“捡牛屎我也去！”他离开我家之前又再次问我：“你是真心的吗？”我说：“是真心的哇！”他说：“你能说到做到吗？”我说：“说到做到！”他也不明确告诉我具体是去做什么工作，我都差点以为他真的叫我去捡牛屎，后来过了几天就有人来通知我去隔壁村的关车小学上课了。可能也是因为当时农村小学教师紧缺，村大队只能从当时成绩比较好的人中挑些去教村里的孩子，我就这样去教书了，很喜欢给孩子们上课的感觉。

20 世纪 90 年代那会儿，国家进行教育改革，要求提升老师的学历，农村教书的老师如果没有中师学历，没有教师资格证的话就不能当老师，我不想放弃这份工作，所以我 1992 年就去读了中师，1996 年才毕业。整整四年，风雨无阻。我们读中师之前首先要参加考试，如果考试不及格的话就不能录取。我读中师的时候不是脱产读的，周一到周五要在小学上课，周六周日到学校参加集中面授，当时我还要先把我的孩子送去给我妈妈照顾，才能放心去学校。我清楚地记得那时候早上七点坐公共汽车出发，八点左右才能到学校，八点半开始上课，中间休息十分钟又连续上到十二点，下午两点开始上到五点。各科内容需要自己回家对着函授教材自学，有不懂的问题我就记下来周末再去问老师。中师的考核考试也很严格，单人单桌，如果考试不合格就不能毕业，所以四年学习经历现在回想起来还是有点辛苦，不过当时的我甘之如饴。

毕业之后我成为一名持证老师，就想着一定要教好学生，这样才能得到群众的尊重，因为只有得到群众尊重和认可的老师才是一名好老师。我选择教师这份职业最重要的一个原因就是热爱，二是热爱之后我工作上就可以做得好，工作做得好的话，领导和同事也会尊重我，群众就更加认可我和尊重我！那样一来我会觉得很高兴，很有成就感，我就是这样想的。

坚持是教师的强大信念

访谈者：改革开放以来，各行各业都发生了巨大的变化，教师这个职业所面临的情况也一样。您可以谈谈您教书以来总体环境的变化和教书经历吗？

苏珠颜老师：我印象比较深刻的还是在关车小学刚开始教书的时候，学校教室当时的条件比较差，没有什么教学仪器，桌椅也比较陈旧，村里那个时候也没有通电，甚至说学生和老师都只能捧着一盏煤油灯儿来上课和上自习。夏天有时雨下得很急很快，学校里的路一下子就被雨水浸没了，学生和老师就光着脚，手里提着鞋子深一步浅一步地慢慢走进学校，进到教室衣服不仅打湿了，还会沾上很多泥点，甚至有些家庭困难的孩子那会儿还没有鞋穿，平时都是打赤脚来学校，不过即使是下大雨，学生们都很少迟到，他们学习也很认真，但问题是他们的基础参差不齐，一般来说都比较差。

我当时负责教语文，也有教过其他科目，但还是以语文为主，用的是人教版的教材。我会单独找那些基础差的学生，用纸和铅笔给他们一一演示，讲解字词、字音这些基础内容，有时候也给他们额外讲一些数学题。我一般都是教六年级的学生，教了十几年。因为刚参加工作的时候学校就安排我教毕业班，当时我的爷爷阻止我，不让我教毕业班，他担心地说："你初出茅庐什么都还不懂，怎么敢冒那么大风险教毕业班呢？我就怕你耽误人家小孩的学习，小学没学好，以后要影响人家一辈子的，你去和校长说安排你教低年级，你能积累一下经验。"我听了爷爷的话之后就去找校长说这个问题，校长说："既然我信得过你，你就安心工作，不用担心，踏踏实实做好你的工作就好了。”自那以后大部分时间我都是教六年级毕业班的语文。

我从参加工作到退休一共教了三十四年书，中间没有中断过，但不是都在最初教书的关车小学，在关车小学我只教了八年，而工作得最久的是在凰渐小学。教书几十年来，我也遇到过一些家庭和工作产生冲突的情况，但是有困难我都一直克服，坚持工作为主、家庭为次。因为如果你能在工作中取得好成绩，那么领导重视、群众尊重，不管你是教哪一个年级的学生，别人一问起他们的老师是谁？那个时候都不用自己“王婆卖瓜”，所有的学生都会想要到你的班来。教书期间我也调过很多所学校，但是无论我调到哪一所学校，学校同事、领导和群众都很尊重我。有个校长知道我的情况，曾经对我这么说：“我不要求你教学生要出多么好的成绩，你只要肯在这里好好教书就行了。”其实他心里应该知道我可以教得好的。还有就是镇上抽考两个年级，校长告诉另外一个老师镇上要抽考那个年级，让她好好准备，校长却偏偏不告诉我，就随我想怎么教就怎么教。镇上抽考结束后我才知道这件事，我就去问校长：“校长你为什么不告诉我镇上要抽考，却告诉那个老师啊?”他笑笑说：“你办事我放心!”结果呢我们班考了全镇第一名。我猜测校长可能心里想着我一定不会辜负大家的期望，所以不用告诉我。这其实也是对我教书能力和水平的肯定，看到学生取得好成绩，我也与有荣焉。

那时候，老师的工资待遇比较低。在刚开始教书的时候，我们学校还是属于民办学校，工资只有几十元一个月，一遇到生病或急需用钱的时候工资就是用来“买盐都不咸”。但是当我们老师遇到困难的时候，政府、村委会、学校都会伸出援手，我就有很深刻的感受。那次是在 1994 年，我的身体健康状况很差，不得不住院打吊针，政府领导前来慰问我，当时他们询问校长学校补助了我多少钱，校长说补助了 1000 元，后来镇政府和村委会又都补助了 1000 元帮助我渡过难关。我很感恩他们的帮助，巧妇难为无米之炊，说实话如果当时没有各方的关心和关爱的话，我那一年真的不知道怎样才能熬过去。之后国家经济发展得越来越好，乡村教师的待遇逐渐提高，乡村学校缺老师、留不住教师的情况也减少了。我经过考试转正后工资上涨了不少，再加上国家近年来对提高乡村教师待遇和养老金非常重视，等到我 2014 年退休那会儿，退休金已经好几千元一个月了。我在读中师的时候结识了很多同学，大家都是怀着一颗对教育的赤诚之心选择了这份职业，从不后悔，默默坚守在自己的岗位上，在乡村小学教了几十年书，一直到前几年他们也都陆续退休了。

学生圆梦和群众满意是教师最大的幸福

访谈者：教师自古以来都是令人心生敬意的一份职业，尊师重教也是中华民族的传统美德。那在您三十四年的从教经历中，有没有发生过一些记忆深刻或者感触良多的事件呢？可以和我说说您的故事吗？

苏珠颜老师：有啊，有一次我上课的时候，教室外的人很大声地讲话和吵闹，影响到我的教学，我就走出来制止他们。有一个学生走出来和我说："老师，我们不管他们，只要我们专心听课，不分散注意力就好了。"我就觉得很难忘，结果那班学生学习很自觉，在全镇考试中得了第一名，班上一共 31 个学生，有 7 人考上了重点中学，第一次取得了那么好的成绩。第二件事就是 1994 年我调到凰渐小学，又是教六年级毕业班。一直以来凰渐小学都没有学生小升初考上电白一中的，那一届我就有三个学生考上了电白一中，可以说是史无前例。结果那次我获得了很多奖项，全镇当年评了 11 个优秀教师，我就是其中之一，镇上表彰优秀教师奖励了 1000 元，学校又奖励了 3600 元。其实老师在工作上取得好成绩会有成绩奖金的，不过我也明白这么一个道理：你努力工作，专心教学，提升教学能力，根本不是为了奖金，而是为学生的未来打好基础，对得起群众，对得起教师这个身份，这样自己的心里也会很快乐的。

在凰渐小学我教了很多年毕业班，1994 年身体很差的时候去医院住院，那个年代很少家庭有小汽车，其中有一位个体户家长有小汽车，主动载着其他家长、学生去医院探望我。后来我出院回家了，有个八九十岁的阿婆，她是我学生的家长，走了很远的路拿着白鸽来探望我，而且又带西洋参又带钱的，我推辞都推辞不掉。不管是学生还是家长，他们来到医院或者在我家门口都是敲个门，打个招呼："苏老师，身体好些了吗？我们来看看你。"我都还没来得及感谢他们，结果他们把东西放下转身就走了。那次我是真的很感动，很感动。虽然学生家长可能不擅长表达，但就是那种很平常的话语也让我感到很温暖，使我真正感受到当老师的幸福感。原来我帮助学生成长进步，学生、家长和群众也会看在眼里、记在心上，时刻记挂着我。

还有一件事是我去桥头小学支教的时候发生的。因为我原来的学校比较靠近市区，老师比较多，所以我决定去偏远山区支教。支教学校对我不了解，以为我是在原来学校教不好学生才被派来支教的，那个校长不知道我原来是教六年级的，就问我能不能教一年级，我就说："校长你让我试试嘛！"结果校长就分了一个一年级的班级给我教，等到期末考试成绩出来，我教的那一个班高出年级平均分 43.5 分，惊动了他们整个村大队，大家都出乎意料，后来村民都想把学生送来给我教。支教期结束之后，校长想把我留下来，但是我的支教期只有一年，后来就回原学校了。等我回到原学校同事们也知道了这件事，他们问我是怎么做到的，我就说："我原来积累的教学经验已经能胜任。"大家就开玩笑说："苏老师说积累的经验就已经胜过他们了！"其实没有什么秘诀，一个很简单的道理——功夫在平时。我们判断一个老师会不会讲课，只需要去听一节课就可以知道了。当我们不被信任的时候，必须要用实力来说话。

我在爱群小学教书的时候，学校让老师们轮流听课，选评出一个优秀教师去镇里参加讲课比赛，刚好那年我生了小儿子，要照顾小孩，学校就分配学前班给我教，结果老师们评课都说我教得好，让我去镇上讲课，但是镇上讲课比赛没有设置学前班的公开课，后来就只能重新评选其他老师去参加。经历了这些事之后，我就觉得无论你在哪一行，不管你教的是哪一个年级，只要你自己认真做好工作，有所特长，就会赢得别人的尊重。我一直都是这么想的，所以我很热爱这份职业，勤勤恳恳地去工作。

终身学习是教师成长之路

访谈者：俗话说"打铁还需自身硬"，成为一名优秀的教师也需要经历长期的磨炼。您可以结合自己三十四年的乡村教育经验来谈谈怎样才能成为一名优秀的教师吗？

苏珠颜老师：首先自己每上一节课都要有明确的宗旨，想好这节课教学的内容需要怎么教，也就是说要在备课上下功夫。教师不仅要结合教材内容，还要考虑学生的特点，上课要时刻关注学生的课堂反应。由于农村的有些孩子基础比较差，如果一堂课下来教师只按照课本内容讲的话，基础差的学生很有可能跟不上教学的节奏。那些跟不上节奏的学生特征也很明显，他们有的会低着头看着书发呆，或者拿着笔在纸上到处画小人，又或者是假装看着黑板实际眼神迷离，早就不知走神去了哪里。每当我看到学生那个状态，我就知道他们跟不上我的节奏了，我会马上按实际情况调整我的讲课内容。其实学生的学习情况不仅会通过考试成绩反映出来，更会通过他们的平时作业体现出来，所以我改作业的时候会比较留意学生犯错相对集中的地方，把这些犯错较多的知识点记在我的备课本上，备课的时候就根据他们平时作业的错误设计一些内容，在讲课的时候补充基础知识，这样的话成绩比较好的学生可以巩固知识，基础差的学生也能查漏补缺。我始终得出这样的结论：不管一个教师学历有多高，知识水平有多高，如果你教不会学生，一切就等于零。

其次，教师一定要不断反思反省，自己如何去教会学生，这样才能取得好的教学效果。让学生明白你所讲的知识，学生真正获得了学习的能力和实力，考试能取得高分，学生才算是学有所成。我曾经见过一些老师虽然学历很高，但是却教不好学生，结果不管去到哪所学校，校长都只能淘汰他。如果教师教不好学生，那么教师在教学思路和教学方法上一定存在某些问题，一定要想办法改进，思考怎样才能教会学生。教师的职责是教书育人，除了传授学生知识以外，更重要的一方面是育人。我们要教会学生如何做人，做一个堂堂正正的人。我以前上课的时候常常给我的学生讲这样一个道理，学生在学校学习知识是放在第二位的，学习做人的道理要永远放在第一位。学习的知识可能过几年会忘记，但是绝对不能忘记自己要做一个堂堂正正的人。学习是要为国家、为社会做贡献，而不是做家里米缸里的那条蛀米虫，用我们茂名话来说就是“做番薯也要做番薯中的爆皮王”！当教师就要引导学生树立正确的志向，培养他们的爱国情怀。特别是在小学阶段，老师正确价值观的引导对学生成长成才非常重要。

再者，教师要做到为人师表。教师是学生的榜样，在很多方面我们都要以身作则，让学生对你产生认同感，这样学生就会尊重你，喜欢上你这门课。如果学生喜欢上你的课，产生学习兴趣，那么他们的成绩也不会差。再有就是教师对待学生既要严格也要热爱他们，如果你过于严格而不关爱学生，一味地批评，只会让学生产生逆反心理，那些不喜欢学习的学生就会远离你，更加不愿意学习，甚至会产生更严重的后果，最终走上错误的道路。所以教师要做到宽严相济，要顾及好学生，也要兼顾学习上有困难的学生。对于那些学习上有困难的学生，我们就用本子和笔写写画画去帮助他们，使他们愿意亲近你，向你求助，他们会逐渐喜欢上你教的这门课。

最后我想说，时代在飞速变化，教师要坚持不断学习，终身学习。

一是要坚持学习新的知识和信息技术。如果教师不坚持学习新的知识和技术，就跟不上时代的发展变化。像我快退休那会儿，农村小学里的教育设施更新换代也逐渐跟上了，我们这些年纪大的老师对使用那种多媒体教学的仪器都不太熟悉，这方面就落后了。

二是教学内容上要与时俱进。语文教学这几十年来的发展变化很大，我们自己最初学习的一些字的部首、读音和现在的教科书或者新华字典上的已经不一样了，退休之后我教孙女字词部首知识，都必须先对照他们的书和新华字典后才敢教她。所以说教师一定要灵活用好教材，及时关注教学内容的变化，做到与时俱进。

三是教师要练好教学基本功。比如说，粉笔字和钢笔字就是教师最为基础的、必须掌握好的功夫，以前粉笔就是我们教师最好的教学工具。我在辅导我孙女写作业的时候，也强烈要求他们好好写字，写一手好看的字。如果你写的字不漂亮的话，那么不管你去哪里工作面试，一个签名就可能让招聘的人不想录用你了。对于教师而言，也是同样的道理，如果教学基本功不行，自然很难教得好学生。

四是要善于写总结。我始终认为，写总结是教师学习成长很有效的一个方法，也是我个人最重要的经验。刚开始教书的时候，我会把自己的想法记在本子上，好记性不如烂笔头，日积月累就会积少成多，每个学期结束回头翻看都有不一样的收获。比如说，当班主任就一定要写好班主任总结，老教师都知道，学生身上出现的问题其实是相通的，我们平时可以总结经验，把它写下来，坚持写，到最后就可以得到一篇自己的教学论文，变成教学实践不可多得的成果。这种看似简单的记录其实并不简单，教学也不是大家想象中那么轻松和容易。

苏老师任教期间所获部分荣誉

教了那么多年书，我刚退休的时候还有点不太适应，原来任教的学校因为有老师休产假，所以学校请我回去继续上课，我就回去又上了一年的课。后来其他学校也想请我去上课，但是我年纪大了，身体状况跟不上，怕耽误教学就没有去。我最大的感受就是，现在的学校各方面条件都比我们那个年代好了很多，但是现在的教师也面临着新的困难和挑战，所以我觉得教师要通过不断学习来提升自己，才能教得好学生。做一个好教师不是一件简单的事，让学生相信你，让群众满意你，更是一件难事。你们这代人就要继续认真学习、好好努力喔！我相信你们一定能够实现人生梦想，做一个人民的好教师！

访谈后记

雅思·贝尔斯曾说："教育是一棵树摇动另一棵树，一朵云推动另一朵云，一个灵魂唤醒另一个灵魂"。与苏珠颜老师的谈话是一次对我灵魂的感召与唤醒，苏珠颜老师为教育理想艰苦奋斗的经历深深地激励着我，"长大后我就成了你"也成为我最真挚的愿望。谨以此文，表达我对在乡村教育事业中奉献青春年华教师群体的崇高敬意。

"珠颜未改，理想常在"。为什么要当一名人民教师？当一名什么样的人民教师？在访谈过程中，这两个问题的答案也在我头脑中逐渐明晰。

因热爱而坚定——我愿意将赤诚之心奉献给热爱的教育事业，坚定自己选择的教育道路，用教育感染和激励一批又一批的学生，为实现中华民族伟大复兴而奋斗。

因坚定而选择——我愿意到祖国最需要的地方去，扎根乡土大地，成为一名思政课教师，选择当雅思·贝尔斯所说的一棵树、一朵云、一个灵魂，用教育实现人生价值。

因选择而坚持——我愿意勇敢迎接新时代的困难和挑战，坚持终身学习，提高自身综合素质水平，争当有理想信念、有道德情操、有扎实学识、有仁爱之心的"四有"好老师。

江山代有才人出。我相信，教育强国、人才强国、社会主义现代化强国的奋斗目标将会在一代代教育工作者的接续奋斗中变为现实！

作者简介：苏琦，女，四川师范大学思想政治教育专业2021级本科生。

坚守苦难育桃李，丹心逐梦谱华章

——罗成明老师访谈录

王兴敏

访谈人物：罗成明

访谈者：王兴敏

人物备注：

罗成明，男，1954 年生，四川省叙永县落卜镇大树村人，中专学历，小学高级教师，先后在当地工农小学（后改为汇合小学）、梨树小学、漆山小学、三家坝村小学等多所乡村小学任教，2014 年退休，曾经多次被评为县级优秀教师、先进个人。

罗成明老师

摘要：教师在中国传统乡土社会中一直占有尊崇的地位，他们是村中幼童的启蒙者。20 世纪初，随着新式学校的兴起，中国乡村教师的角色发生了变化，他们既是现代知识的传授者，还是崭新观念和意识形态进入到乡村社会的推动者。自新中国成立以来，乡村教师扎根在中国广大农村地区，为中国的农村基础教育事业奉献自己力量。通过他们的不懈努力，中国社会极大地改变了文盲占绝大多数的状况，乡村民众的受教育水平有了明显的改善。同时，乡村教师还扮演着宣讲国家政策和社会知识、传播社会主义文化、选拔乡村人才进入国家建设队伍的角色，为社会的发展起到了重要的作用。他们爱岗敬业，热爱教育事业；他们热爱学生，有着高尚的职业道德；他们为人师表，即使在艰苦的工作环境中，依然践行着这一点。他们克服了乡村物质水平落后、人才稀缺、经费困难、收入微薄等种种艰苦条件，为新中国建设培养和输送了大量的优秀人才。本文记述的罗成明老师便是他们中深具代表性的一员。在这世界百年未有之大变局中，科技、教育、人才依旧是一个国家的希望所在。高素质的教师队伍是办好教育的基础与前提，抓好师德师风是建设高素质教师队伍的内在要求和重要保证。搜集对乡村教师群体的访谈，记录下他们的经历以及对乡村教育的看法和感受，对于我国乡村地区的基础教育研究具有深远意义。

关键词：乡村教师；基础教育；师风师德

罗成明老师于1976年投身于乡村教育事业，三十余年来致力于叙永县乡村基础教育，曾经先后在当地工农小学（后改为汇合小学）、梨树小学、漆山小学、三家坝村小学等多所乡村小学任教。在职期间爱岗敬业，关爱学生，多次为村里的学生免费补课。罗成明老师前半生努力上进，自学教育学、教育心理学等教育类知识，考取函授专科，不断充实自己。罗老师从教三十八年，扎根基层，为促进叙永县的乡村基础教育做出了巨大贡献。

识梦·少年何妨梦摘星，敢挽桑弓射玉衡

访谈者：您入行教育时正处于改革开放的初期，面对当时众多的“就业可能性”，是什么样的信念指引您甘愿坚守贫困，牢牢扎根乡村教育呢？

罗成明老师1984年获得的民办教师任用证

罗成明老师：我是农民出身，父母都是农村的，一家人都靠种庄稼为生，长辈们都没有什么文化。以前是生产队的时候，我爸爸在生产队当队长，因为当队长他增长了很多见识，所以觉得还是要读书才有希望。我有八个兄弟姐妹，加上爸爸妈妈总共有11个人，我现在有两个儿子、五个孙子和孙女，总共也有11个人，都是住在一起的。1976年我参加工作的时候，还没有改革开放，那个时候没有太多的职业供大家选择。当时我们这里的学校有360多名学生，每个班的人数都不一样，后来村里选人去当代课教师，我就去了。其实最开始选择当教师只是一个很普通的、带着偶然性的选择，后来80、90年代就有很多人放弃了教师这个工作，选择去广东一带经商，我的朋友也劝过我，但是那个时候我的母亲肝硬化复发，需要人在身边照顾，再加上1985年我又考上了中师函授，当时我没有时间学习，又拖了3、4年才去。我参加考试的成绩双科都是八十多分，在当时算拔尖的。1993年的时候，我有个朋友在广东打工，有一个小厂子，让我过去给他帮忙管财务，每

月工资3000元。那个时候我在学校还没有编制，已经打了辞职报告，但是当时我的老师让我不要去，说再坚持坚持终会看到希望的，同事（根据二次采访，此人是后文中的严小和老师）的一番话又坚定了我继续当一名老师的想法。在随后几十年的教师生涯中，我看着那些调皮的娃娃变成了有礼貌的学生，长大成人，改变了自己的命运，实现了自己的梦想，过上好日子等等，这些都让我由衷地感到欣慰和骄傲，让我觉得自己当初的选择没有错，自己的坚守和付出是值得的。

筑梦·雄关漫道真如铁，而今漫步从头越

访谈者：改革开放前后的一段时间，中国的乡村尤其是位于西部地区的贫穷且落后，在这种情况下您是如何从一个非师范生到初为人师、再到如今的桃李满天下的?

罗成明老师：我读中师函授时要学习大学微积分，不努力，就很容易跟不上，同期学习的有初中生和高中生，而我在高中阶段都没学到什么有用的知识。我教书用到的知识全部都是在家自学的，一边劳动，一边学习，一边上课。那个时候每一科都要学，每一科都要考，我记得当时我们考了11科，包括语文、数学、教育学、心理学、政治、历史等，每一科都要过关才能拿到毕业证。我一开始报的是语文，也就是文科，但是进了函校就全部都要学，因为在农村教师是比较少的，如果你只会教语文，那如果缺数学老师又怎么办呢?所以那个时候的老师个个都是“全才”“通才”，必须做到“十八般武艺”都精通。只是对我而言，我的语文比数学稍微好一点，那个时候严校长（严小和）和我一起学习，学数学的时候还涉及大学的微积分，我们两个又是朋友又是竞争者，一起学习，结下了深厚的友谊。我还记得最后我们结业考试的时候，我的数学考了83.5分，他考了82.5分。当时上课就是“包班”，语文、数学、科学、劳动、体育、音乐和美术这些课都是一个老师全权负责，但是一般毕业班语文和数学都是分开的。以前在汇合小学的时候，学生比较多，有三百多个，但是老师就比较少，只有十多个。毕业班一般情况下是不包班的，因为学校对教学质量有要求，但是从我带的第二个毕业班开始，我还是“包班”，语文数学我一个人上。我上的大部分班都是“包班”上课，我觉得语文教起来还是比较轻松的，但是数学就稍微难一点，对学生来说也是一样的。我经常上完数学课下来突然发现还有些东西没有讲到，就只有下一节课给学生补上。当时学校要求比较严格，每科都必须备课，我记得原来有个正式的老师，他的备课本都有九本，因为工作量太大，后面就出现了敷衍了事的情况。当时我白天上

课，晚上备考，睡觉最早都要到晚上 12 点以后。我在当地教书的时候，晚上还要免费给本村的学生补课，甚至自己买灯解决教室照明问题。结局是美好的，学生们大多都有所成就，也没有忘记我对他们的好。

前二十二年我一直在工农小学教书，后来又改为汇合小学，也就是现在的大树村的小学。当时我们这里（汇合小学）虽然是村小，但是学校环境和其他学校相比还算比较好的。学校大概有六七个班的规模，小学一到六年级，还有戴帽初中班，三年招一次。学校环境尚可，但是课桌破烂，课桌面有大洞，学生经常将头从洞里钻过来钻过去。后来我又到滴水小学工作了四年，主要是因为滴水小学的教师退休后，我以前的同事竞选上了滴水小学的校长，就将我调了过去。后来因为我母亲的原因，又调到梨树小学。到梨树小学的另一个原因是当时的村任教师和村里人矛盾激化，于是就将我调过去。我在梨树小学工作了两年，又调回了汇合小学，也就是以前的工农小学，在这里又工作了两年后，因为生源减少了，恰巧漆山小学的教师退休，我又被调往漆山小学，在那里教了两年。此后，我又被调往三家坝村小学任教。这些年，我辗转多个地方教小学，以前多是靠走路，后来我买一个摩托车就方便多了。

在三家坝村小学的时候，教室里面有些桌子不平整，到处都是坑坑洼洼的，有些班上的学生挤坐一条长板凳，还经常“扯筋”（闹矛盾），因为有的要坐近点，有的又要坐远点。我到那里的时候，条件应该比之前好一点了，因为我去学校有个杂物间看过，里面的桌子和板凳更烂，包括有些学生还在使用的桌子和板凳都很容易“散伙”（结构不牢固，容易散架）。那个时候我们接近二十个老师共同使用一个办公室，还是比较拥挤的，学校体育设施也不够，只有一个乒乓台，还是木头做的，那些学生就在不足一米的花台上打乒乓球，看到还是觉得“造孽”（可怜）。但是我感觉过得还是很快乐。在那里工作五年后我就退休了，后来在国家的帮助下这个小学的老房屋拆除了，修建了新的房子，学校环境肯定比以前好多了。

这几十年我能够好好地教书，离不开我妻子的理解和帮助。对当时的我来说，教书一直都是最主要的，对家庭的帮助很少，一般都是早上或者下午放学后协助家里做点事。因为当时一直都是包班上课，工作比较繁重，我接到的班级都比较大，一般都在四五十个人以上，仅语文数学的作业批改都需要花费很多时间，每天的工作时间都在十个小时以上，待遇也就只是当时国家补贴的十多块钱，其余的都是村上的补助，就是粮食，主要解决口粮，每个月三十斤。那时候一周上六天课，我一般每天早上六点过就要出去割草或干一小时其他农活，回来吃早饭，然后去上班。当土地下放以后（这里指实行家庭联产承包责任制)，只要我们肯干，一家人吃饱饭是没有问题的。虽然早上要帮家里干活，但是我上班从未迟到过，也没有早退。在滴水小学教书的时候，我患上了面瘫，没有听取医生的建议住院治疗，坚持一边治疗一边上课，因为是“包班”，更没法找别人代课。当时学校对教育质量要求严格，在升学率、及格率、优秀率方面都有严格要求。

我刚开始教书的时候，待遇并不是很好，每个月工资只有 10 元，后来调到 14 元，转正后待遇就一直比一般代课老师好，另外还有挣工分的收入，有时候村上会给一些菜籽油补助，那个时候村上的补助一般都是粮食，可能会有 360 斤。一直到 1995 年，我转正成为一名正式老师，工资从最开始的 70 多元涨到 300 多元，一直在逐年地上升，现在退休了每个月有 5800 多元。我觉得党和人民没有忘记我们。

访谈者：在这三十多年的教育生涯中，您肯定有许多珍藏的回忆，可以与我们分享一件吗?

罗成明老师：难以忘怀的事情有很多，尤其是每次送走一个班，我都会挂念班上的学生很久，担心他们的学习、在学校的表现、给老师的印象等等，几十年后，那些与学生们的快乐时光还记忆犹新。我现在退休十几年了，但是许多学生都给我留下了很深的印象。不称心的事也有，大多都是因为学生的成绩不理想，还有就是为他们前途感到担忧。我在三家坝村教书的时候，有几个学生很调皮，但是当我和他们慢慢地熟悉了，我发现他们都很善良。我至今难忘的是，我在滴水（小学）去教书，在放学回家的时候，遇到三台（村）的几个学生在路上打架，其中有个叫杨飞，他现在在做饲料生意。当时我把他们分开，我就问他叫什么名字，家在哪里，在哪里读书，不要打架，有什么事情，给我说，我帮他们解决，他一一告诉我，后来那个学生就从三台小学转到滴水(小学)，非得要转到我的班上读书，对我也一直很尊敬，现在还经常给我打电话，说他的工作和生活情况。当时碰见他打架，我没有立即批评他，而是和他讲道理。这件事也给了我很大的启发，有些时候一味地批评和惩罚学生往往适得其反，也不要以一种高高在上的态度对待学生，要学会和他们沟通，要去了解他们在想什么，不然代沟深了就不好管理了。

我教书的时候遇到了很多同事，大多数同事给了我很多帮助，直到现在我们都经常见面，我现在觉得当教师最大的收获不仅是陪学生一起成长，还能收获许多志同道合的朋友。

访谈者：听您这样说，在这三十多年的教学生涯里，您肯定拥有了您的毕生知己了?

罗成明老师：那是肯定的，呵呵呵。20世纪70年代，正是“知青”上山下乡的时候，我也见证了那个特殊的时期，我身边就有一位下乡的“知青”，他还是我的朋友，他叫严小和，以前是中心校（现称落卜镇中心学校）的校长。他是叙永县城里面的人，1973年的时候下乡到我们（落卜镇）这里，他和我的关系一直都很好，现在已经退休了。1976年的时候他和我一起代课，后来一起通过自学拿到了本科文凭。后来天宝小学的校长退休了，他就竞争当上了校长，一年后又去竞选中心校的校长，又在那里工作了十年。以前我们在一起的时候经常交流人生理想，迷茫的时候更是互相鼓励，一路走来，我觉得太不容易了。

访谈者：千金易得，知己难求。人生不过短短数十载，能够遇到一生的朋友，实属不易，是一件极其幸运的事。在您教书三十多年的时间里，有没有什么事情是您想起来会觉得遗憾的呢？

罗成明老师：现在想来肯定有遗憾的事了。刚刚教书的时候年轻气盛，年轻人容易冲动，现在回想起来就觉得自己以前做得不够好，尤其是教学方法上，我觉得以前对学生过分严格了。后来我去了三家坝村小学，在那里待了五年，带了三个毕业班，时间虽然短，但是和他们的关系都很好，当然我也没有以前那么严格了。

退休那么多年了，其实我还是想去教书的，只是身体和政策都不允许了，我前几天做梦还梦到自己在上课。和学生在一起的日子，我觉得是最开心的。

圆梦·长风破浪会有时，直挂云帆济沧海

访谈者：三十八年乡村教育路，这一路上您觉得最骄傲的事是什么呢？

罗成明老师：从事这个职业，我一点都不后悔，学生的成就也让我感到欣慰和骄傲，我觉得我的一生没有白活。我记忆最深的就是我教书以来的第一个班，在以前的大树片区（叙永县大树镇）是比较优秀的，当时正值小升初考试，我们班有45个学生参加，其中4个学生上了中学，而且在大树区组织的一次语文数学竞赛中，前三名都是我班级的学生，当时我得到的奖励现在都还留着呢！从我参加工作到1992年，一直都是在“包班”上课，教学质量也一直都是有保证的，几乎每次都是大树片区的前三名。我教了三十八年书，从来没有哪个家长因为我批评了学生来找过我。当然学生们有成就，学到了知识，改变了命运，过得平安幸福，他们也没有忘记我对他们的教育，我觉得这是每个老师最幸福的事情！

罗老师任教期间所获荣誉

教育部颁发的乡村学校从教 30 年荣誉证书

续梦 · 落红不是无情物，化作春泥更护花

访谈者：您目前还对以前上课的学校有所了解吗？

罗成明老师：我前几年去过三家坝小学（现名三家坝村小学），感觉学生人数一年比一年少，以前的教师也都走得差不多了，现在都是些新老师，只剩张建军老师还在里面教书。我感觉目前农村小学的学生怕都只有十多年前的一半不到咯，以前是因为穷，上不起学，学校的人不多，现在是因为人家条件好了想去更好的学校上学。

访谈者：您认为是什么原因导致农村学校留不住学生呢？

罗成明老师：这两年经济发展了，人们出去打工挣到钱了，家庭条件好一点的都在县城买房子咯，都愿意把自己的孩子接到县城，一是方便自己照顾孩子，二是让孩子接受更好的教育，毕竟县城里面的教育资源比农村要好。农村的基础设施比较差，以前都是泥巴路，有些学生为上学天不亮就要起来，走几个小时才可以到学校，现在农村的路修好了，大家都要方便点，尤其是现在家家户户不说小汽车，摩托车或者三轮车总是有一个的，接送娃娃方便多了。现在虽然条件比以前好了，但是我总觉得农村现在的教育效果可能还没以前我们教书的时候好，虽然说现在农村里面的老师学历、见识都比我们以前好得多，但是现在啊又有更多新的问题。

访谈者：您刚刚谈到现在农村教育又有新的问题，您可以展开和我们详细说一下吗？

罗成明老师：现在科技进步了是好事，通过网络了解信息很方便，不像原来你们读书的时候，生活很单纯，每天除了读书做作业之外嘛，回去帮家里干点活，贪耍的就几个伙起到处逛嘛，但是始终没得现在手机对学生的影响大。

我家住在马路边上我就晓得，每周放学的时候有些走路的初中生都是埋头耍手机，我自己的孙子我就更清楚了，每天放学回来都是先耍手机再做其他的事情，不是刷抖音就是在打游戏，爸爸妈妈在家的时候怎么说都不听，就更别说听外公外婆、爷爷奶奶的话。

访谈者：您觉得家庭教育在人的整个成长过程中起着一种什么作用呢？尤其是对于小学生而言。

罗成明老师：我觉得家长对于一个孩子的成长影响是十分大的，就说我刚刚说到的耍手机的事情，有很多家长自己都在埋头耍手机，没有做好榜样。喊自己的娃娃做作业，自己就在旁边耍手机，你说娃娃咋个专心嘛？娃娃在家里养成不好的习惯，一到学校就显现出来了，不良的生活习惯会影响他们的学习习惯，这都是连锁反应。如果说学校是一个学生“表演”的舞台，那我觉得学生在学校这个大舞台上表现出来的东西就是在家庭里面学到的，他对待老师的态度就是父母对待爷爷奶奶或者外公外婆的态度，他们对待同学的态度就是对待兄弟姐妹的态度，虽然这样说有一点绝对，但我认为还是有一定道理的。

访谈者：习近平总书记说过：“青年一代有理想、有担当，国家就有前途，民族就有希望。”对即将毕业步入教师岗位的师范生，关于他们的成长，您有哪些寄语？

罗成明老师：寄语谈不上，我就说一说心里话吧。

第一，打铁必需自身硬。我们以前的知识已经不完全适用现在的社会了，我们那个时候说是传授知识，就只是单纯地教语文数学，现在的知识范围要广得多，光教给学生书本上的知识，是远远不够的，现在的年轻人都是有能力、有水平、有见识的，现在的社会和以前不同了，娃娃们也比以前懂得更多了，作为一个老师，就需要不断地学习，这样才不会被社会淘汰，被学生淘汰。

第二，要有职业道德。选择一行就要爱一行，选择了教书就要好好教书，学生是不会辜负老师的。在教育学生的时候，可以有限地惩罚他，但是你要清楚地告知他错在哪里，一定不要随意处罚学生。青年教师绝大部分都是合格的，但是也有个别在教书的时候敷衍了事，这是任何时候都存在的现象，但是就我而言，我觉得一个人要对得起自己的良心，要对得起学生，要把学生当成自己的孩子，现在的老师绝大部分都做得很好，但是也有少部分努力不足，没有做到尽心尽职。对于犯错的教师该严肃处理就要严肃处理，对学生家长做到公开透明，让大家都知道，教师队伍是很严格的。

第三，读万卷书，行万里路。社会在进步，在这个知识爆炸的年代里，最应该做的事就是学习，但是不能光死读书、读死书，还要学会生活，学会实践。我的两个孩子都没有从事教师工作，大的在家里从事养殖业，小的选择出门打工，各有各的志向、爱好，我对他们的要求就是要读书，他们现在也一直保持读书这个习惯，随着他们人生阅历的增加，我相信他们会有自己的见解的，我觉得这对于每个年轻人都是一样的。

访谈后记

聆听老教师记忆中的历史，触摸泛黄的照片与书本，仿佛时光倒流，我们又置身于那段特殊的岁月。口述历史的可贵，不仅在于弥补档案资料的不足，更在于挖掘出事实背后的真相，还原其中的细节。三十八年峥嵘岁月，他扎根乡村教育，如今桃李纷飞誉满天下，而那些珍藏在床头的各种荣誉证书，就是对他职守乡村教育工作的最高褒奖和肯定。

截至2018年，全国乡村教师人数达290余万。在中华上下五千年的岁月里，数不尽的乡村教师扎根于一方乡土，如晏阳初、张桂梅，他们名垂青史，受后人景仰；又如罗成明老师，他们奉献一生、默默无闻。但他们的光辉业绩，将功昭日月、名垂青史，他们的精神，将具有永久的感召力和生命力。罗老师对教师生涯的回忆给我上了生动的一课。萧伯纳曾说："人生不是一支短短的蜡烛，而是一支暂时由我们拿着的火炬。我们一定要把它燃得十分光明灿烂，然后交给下一代的人们。"我将罗老师的人生写成故事讲给大家听，这个关于教师、关于乡村、关于梦想的故事，必会使更多人懂得，振兴乡村教育，离不开一大批"下得去、留得住、教得好"的乡村教师，而在乡村振兴的大背景下，要让乡村留得住人，关键在乡村教育。促进乡村教育的良性发展，我们就要了解乡村教育的过去和现在，乡村老教师代表了过去的乡村教育，了解他们的喜与忧，才能帮助现在和未来的乡村教育和乡村教师实现更好的发展。

作者简介：王兴敏，女，四川师范大学马克思主义学院学科教学（思政）专业2021级硕士研究生。

乡村“永久派”教师

——陈秋桔老师访谈录

邹　淼

访谈人物：陈秋桔

访谈者：邹淼

访谈时间：2022 年 1 月 27 日

人物备注：

陈秋桔，生于 1968 年，1989 年毕业于安岳师范学校，曾先后在安岳县镇子镇治水村小学、镇子镇中心小学从事语文教学。从教三十四年间，她多次获得市级骨干教师、先进教师和优秀个人等荣誉称号。

陈秋桔老师生活照

摘要：发展乡村教育是乡村振兴的关键一环，壮大乡村教师队伍是发展乡村教育的核心保障。但目前，乡村教师群体面临着诸多问题，流失现象严重，不利于乡村教育的发展，如何留住乡村教师成为乡村教育迫在眉睫的问题。陈秋桔老师扎根乡村三十四年，潜心从教赢得桃李满天下，她是当之无愧的乡村“永久派”教师。通过访谈，我们一起回顾陈秋桔老师的教学经历，探析其数十年坚守乡村教育岗位的原因，体会她身上爱与责任构筑的使命感、身份认同促成的满足感、社会支持铸造的成就感，以此力求给乡村教育如何留住乡村教师队伍以重要启示，即：加强对教师内驱力的培养，树立社会尊师重道的风尚，制定扶持政策提高教师的待遇。

关键词：乡村教师；乡村教育；教育教学

“乡村学校是今日中国改造乡村生活之唯一可能的中心”[①]，“中国的乡村

---

① 陶行知：《陶行知全集》第 2 卷，四川教育出版社，2020 年，第 227 页。

教育走错了路！他叫人离开乡下向城里跑”[①]。几十年前陶行知先生就已经意识到了乡村教育的重要性，并指出了乡村教育存在的问题。乡村教育的发展关系着乡村振兴战略的顺利实现，行百里者半九十，如今乡村教育面临着教师队伍流失严重的问题。本文以对陈秋桔老师的个例访谈为例，通过回顾她三十四年乡村教育从业经历，探析其始终坚守乡村教育岗位的原因，以期为新时代乡村教师安心扎根乡村教育，促进乡村社会发展提供经验借鉴。

求学难：穷且益坚，功不唐捐

访谈者：您读书的时候正处于改革开放初期，那时大部分人家里都很贫穷，很多人上不起学。你们家的情况是怎么样的，是什么支撑您一直读下去呢？

陈秋桔老师：我们家条件特别的差。那时候很穷，家里有五个子女，我排行老二，算比较大的。我是在1977年去九龙石城村小学念的书。当时读了一个星期之后，第二个星期我的爸爸就不让我去读了，因为我妈妈生了老四，要让我在家帮忙带孩子，但是，我还是非常想读书，一直没有放弃。第二年，我妹妹比较大了，有一岁多了，在我强烈要求下，我才重新回去读书。我们家在一个穷山沟里面，那个时候我才十岁左右，就很懂事了，那么小的我就明白只有读书才能够改变自己的命运，所以在学校里面读书的时候我都很认真，每一次不管什么考试，我一般都是班上前两名，老师都非常喜欢我，觉得这么小的学生就知道自己学习，特别乖。我们那时小学是五年制，从一年级到五年级，我的学习成绩都排在前面，每个学期末都得到了奖状。

1983年我去了九龙小学读初中。读初中后，我更加努力地学习。老师的教育方法和小学时候不一样了，那个年代有一种说法：“如果努力学习，今后就穿上皮鞋。你不努力学习，就只有在农村里每天穿草鞋。”这番话让我更感觉到读书的重要性。所以，平时老师上课我一直都特别认真，放学时老师布置的作业都做得规规矩矩的。我读书那个年代不像现在有很多的复习资料，当时听到哪里有些什么资料，想方设法我都要借过来，拿本子抄着做，很努力。

后面经过自己的努力，1986年我就考上了安岳师范学校，那会儿成绩很优秀的人都不一定考得上。当时女生也比较少，一班四十多个学生，女生只有十来个，对女生的分数要求也比男生要高一些，我读的学校一般最多就能考上一两个。在师范校里面读书，我也特别认真，平时不仅仅只学专业知识，音体

① 陶行知：《陶行知全集》第1卷，四川教育出版社，2020年，第85页。

美各方面都要学。自己也意识到要从各方面来培养自己的能力，哪方面弱一点，就更努力一点。比如说我觉得自己乐感很差，我就随时向他们要钥匙，去音乐室练习。一直以来我都很努力，争取让自己每一样综合素质都能达到教师的职业标准。再后面就当上老师了，那会儿很想当老师，因为自己父亲也是老师。而且当时在那个山沟沟里面，考上师范学校大家都觉得很了不起，自己也觉得这份工作来之不易。

教学苦：日拱一卒，终有所成

访谈者：您刚开始在学校上课遇到过什么困难吗？又是怎么克服的呢？

陈秋桔老师：开始还是很痛苦，觉得压力很大。我一毕业，就分到了镇子治水村小学。那边是复式教学，老师不够。我教的是两个班的语文，一个五年级，一个三年级，五年级那个班学生成绩很差。学校的一个代课老师给我说："这个班连最基础的拼音都不懂。"刚开始教他们的时候我很难受，因为她们真的什么都不懂，我甚至有一种教书毫无意义的感觉。于是，我就问我父亲怎样去处理，他就说："只有慢慢重新去补。"因为她们没学过拼音，我就从拼音开始，一天一天补。最开始那半个学期我的喉咙都是哑的，天天基本不休息，给他们补课。经过我的努力，期末考试的时候，五年级那个班从学校倒数第一名变成了正数第三名。后面六年级一毕业，我就教一年级。一年级问题更多，他们更是什么都不懂。批评他们，让他们来讲台上站一会，他们就哭，在地下躺着哭，我都不知道该怎么处理。因为父亲是老师，我于是经常去问他怎么处理这种事情，他就慢慢给我讲如何来对待这些娃娃，加上自己也比较努力，又经常问学校的一些老教师和有经验的同行，还有同级的老师，慢慢就适应了这份工作，逐渐走上了正轨，越来越喜欢这份工作。还有就是，当时教完一个班马上就要去教另外一个班，教第一个班的时候感觉自己思维还是挺清醒的，教第二个班就有疲惫的感觉。不同的班教学的内容也不一样，很多时候就觉得自己没有那么多的精力，但是也只能调整好心态，去适应学生。当时也遇到了各种不听话的学生，有些甚至小学就开始涂指甲油，也只有去和他们的家长交流沟通，于是放学之后，就跟着去家访了解情况，和家长一起引导学生。反正才出来上班那会，所有的心思都扑在事业上了。

访谈者：在学校学习和上班工作肯定是不同的，您是如何快速适应从学生到老师这个身份的转变的呢？

陈秋桔老师：刚出来工作那段时间，角色从学生突然转变到老师，内心比较茫然，觉得很不习惯。当学生就是学知识，只需要掌握自己应该了解的那部分。当老师后，自己不仅要把知识学懂，还要去思考如何把学到的知识系统有效地传授给学生。不同的学生学习习惯和学习能力差别很大，就需要根据学生的实际情况采取不同的方式进行教学。教学中有时遇到困难就不断调整心态，反正不能放弃这份工作，努力让自己能够去适应学生，让学生也喜欢自己。适应工作的办法第一是向老教师求教，学习他们的经验与教训；第二是自己多看、多分析揣摩。那个时候没有互联网络，只能自己去买书来学习，有时候学校会发些教育类的报刊，也拿过来自学，再把学到的方法、理论和自己的教学实践相结合，灵活运用。就这样过了三四年，感觉工作越来越轻松，领导和同事也觉得我挺努力，就不断地鼓励我，自己有了一种欣慰感，觉得得到了大家的认可。在以后的工作中，我还获得了多项奖励。

育人喜：桃李不言，下自成蹊

访谈者：这三十四年来，您一直扎根乡村教育，奔波在基础教育的第一线，肯定和学生之间有很多难忘的事情，可以分享一两件吗？

陈秋桔老师：我印象很深的学生有很多。在治水村小学教一年级的时候，我记得有个学生特别调皮，我第一天去上课的时候，他在教室里面捣乱，从前面跑到后面，我非常气愤，就把他拉到讲台上站着，但是他不但不站，还在地下打滚，边滚边哭，整得我一下子不知道怎么处理。放了学之后，我把他留下来，和他交流，并且去他家做了家访，向他爸爸妈妈了解了他的性格，得出对这个孩子要靠"哄"的结论，人太小，不能用武断的方法。后来我就对他特别好，经常表扬他，慢慢他开始听我的话，布置的作业做得很好，字也写得很规矩，学习成绩越来越优秀，二年级我就选他当班长，他的积极性更高了。他家离学校很近，我把教室钥匙交给他管，让他每天来开门、锁门，六年级的时候他去了成都上学，成绩挺不错的，初中毕业的时候还回来看过我。现在他都上班了，每年放假回家都会来看我，和我聊天，说非常感谢我。

还有一个学生，是我在镇子小学教书的时候遇上的，他也算十分调皮的一个，读幼儿园的时候，就没有一个老师管得住他。幼儿园那些老师都给我说："这个孩子以后成为你的学生，你一定会被气死，太调皮了，一点不听话。"因为之前听说过他的情况，入校后的第一天他就受到我特别关注。他一进来就笑嘻嘻地问我："老师，你为什么要教一年级，不教幼儿园啊？"我就说："乖娃娃，坐好。"他坐好了之后，我就说："你今天坐得最好，大家都要向你学习。"他一听就很高兴，但自控力还是很差，坐不住，一会儿就想离开位置到处跑，我就抓住他这个特点，对他说："现在你不是幼儿园的娃娃了，你是小学生了，小学生就要遵守好多规定。”他又问我：“有什么规定哇？”我就说：“你先坐好，我给你们慢慢讲。”他回去之后，就给他爸爸妈妈说特别喜欢我，说我对他特别好，说他要努力学习了，不跳（调皮）了。但他毕竟是孩子，自控力确实很差。我后来注意到他有什么不对时，就看他一眼，他马上就乖乖地。我知道他好动，刻意选他当班长。我对他说：“你现在就是我们班上最大的一个官，后面再选副班长、体育委员、劳动委员、组长这些，我们要看谁表现好。老师现在就觉得你表现最好，我就先选你，你现在先管全班。”他为此特别高兴，每天拿着钥匙，早早地来开门，特别积极，还帮着老师管纪律。有些时候早上老师还没去，他就组织班上那些学生读书，特别乖。我也经常培养他，像学校的表演啊、主持节目啊、做什么事情啊，都让他去。他一直很感谢我，从高中开始，每次放假都会回来看我，跟我谈谈心，问我一些问题，我也会给他讲一些学习方法，教他怎么处理遇到的问题。他这次寒假回来看了我，问了我一些情感问题，我就给他说怎么处理。他非常尊敬我，很听我的话。

这两个学生给我的印象特别深，他们平时就常常挂念着老师，到了节日还一定给我发消息，很懂得感恩。我感觉这些调皮的学生不是不可教，而是要用心去对待他们，用爱心、善心去对待他们，关心他们，爱他们。对他们有爱，他们都能切身感受到，就会很听你话。

访谈者：您教书这三十四年，外界对您教学的反馈怎么样呢？

陈秋桔老师：家长们都觉得我教得很好，很负责，都特别尊敬我。有一些学生毕业很多年了，但他们的家长却还能记得我。我举个例子：有位家长，他的孩子小学四年级转校来我班上，现在在上海读大学，平时他就会给我拿点他们自己家弄的油啊、鸡啊、蛋啊，我每次都觉得很不好意思，毕竟已经过去这么多年了，但他却一直坚持这样做。社会上还有很多人也都觉得我很好，都说要来读我这个班，像每每开校之初，领导给我打电话，同事给我打电话，学生家长也给我打电话，都是这个事儿。我只好说学生太多了，我接收不了，只能服从分配，学生分到哪个班就是哪个班。反正就是大家对我的印象都特别好。现在我马上要退休了，大家都觉得很可惜，说过去他们的孩子我管得好。我们学校的领导对我的工作能力和工作态度反馈也非常好，平时工作中，经常会有老师挨批评，但我长期都是被领导表扬的对象，属于很自觉很敬业的那种。

感慨深：时光荏苒，初心不忘

访谈者：改革开放以后，经济快速发展，社会变化显著。可以和我们分享一些您感受到的学校变化吗？

陈秋桔老师：学校变化特别的大。我之前读书的时候，条件很差。在石城村小学时，桌子都是石桌子，学校会给我们发一个本子、一本书，然后老师拿着粉笔在黑板上书写。后面读初中的时候，除了学校发的书本，慢慢有一些资料在学生之间流传了，我们当时都觉得很珍贵，感觉拿到了宝贝，就把这些资料全都抄写下来，再累都不觉得苦。其他的基本没有什么变化，和我读小学时一样，最多有个彩色粉笔，以前读小学时都只有白色的粉笔。

但是到了我教书那个年代就不一样了。一开始的时候还是没有多媒体教学，老师需要在黑板上一直写。要印卷子的话也很麻烦，我在治水村小学教书的时候，想印份卷子，需要一个字一个字地刻，刻完之后又要印，整得到处都是油墨，很辛苦。现在条件就好多了，第一有了多媒体，第二有复印机，想印什么就很方便。还有就是有了电脑，自己弄课件觉得非常方便。而且做了课件的话，学生看起来更直观，体验也更好，有很多他们不知道的，你用多媒体弄个图片、视频，学生学起来就要轻松一些，原来教学没这条件，只有干讲，学生不容易听懂，学起来也很枯燥。

还有就是教学环境的变化，绿化这些好多了，桌子啥的也好多了，体育设施也建起来了，老师也要轻松得多。原来很辛苦的，做什么都必须自己抄、写，弄到半夜三更，现在可以通过网络学习人家先进的，再根据自己的经验来教学，就轻松得多。

访谈者：您教书这三十四年来，有想过离开这里，调去更好的学校吗？

陈秋桔老师：从来没想过。第一个，在这个地方，家长比较信任我。每一届招一年级的时候，许多家长都来找我，要读我的班，因为觉得我教得很好。第二个就是，领导也觉得我很优秀，对我比较好，同事们都很相信我，觉得我教得好。所以，我自己就觉得在这里很不错，哪里都不想去。前几年的时候，我的孩子在县上的实验小学读初中，我的一个同学就让我去实验小学或者岳阳镇小学，上去陪他们，但是我都没有去，我舍不得镇子小学。在这里教了几十年书，和同事、领导和学生家长之间，感觉都配合得很和谐，就不想离开这个环境。还有就是我非常喜欢教书这份工作，前几年工资低的时候，有很多老师都想要放弃，想去经商什么的，但我觉得工资虽然少，却是和学生打交道，自己很快乐，很喜欢，遇到放寒暑假自己还不舒服，因为和学生打交道能使自己心情舒畅。说实话，学生们确实很可爱，但是有时也有些学生不听话，自己也着急，不过这种情况是少数，总的来说，还是觉得幸福感比困难多得多。

访谈者：您已经工作三十四年了，可以谈谈您对教师这个职业的看法吗？

陈秋桔老师：我觉得教师这个职业比较辛苦，但是只要和学生打成一片，就能够感受其中的乐趣。因为我教的是小学生嘛，总有那种纯真无邪的感觉。他们一下课都过来围着我，如果我有哪里不舒服，学生都会过来安慰我、问候我。还有就是来自学生家长的关心爱护，举个例子，我有咽炎，有些家长知道之后，就会给我拿药，还有的推荐偏方，让我深深地感觉到那种互爱。你对学生付出，大家都看得到，家长也对你付出，感觉很舒服。虽然有时候会遇到一些不听话的学生，自己心里有点急躁不舒服，但是总的说来，还是比较欣慰。

我感觉现在的青年教师和我们那个年代的老师有点不一样了。我们那个年代的老师一走进教室就觉得自己肩上的责任重大，把学生当作自己的孩子一样对待，担心他们没有学到知识。我觉得现在的青年教师要增强敬业心和爱心，这是非常重要的。

访后记：一名乡村“永久派”教师的成因探析

春蚕不老，夕阳正红。从事乡村教育三十四年，陈老师初心不改，始终能扎根第一线，其背后的原因，有爱和责任构筑起来的使命感，有身份认同促成的满足感，也有社会支持造就的成就感。这三者共同作用，内外部动力交织在一起，让陈老师选择留在乡村，成为当之无愧的乡村“永久派”教师。

爱与责任构筑使命感

一支粉笔书写春秋，两袖春风化为桃李。从事乡村教育这三十四年来，爱与责任转化为内驱动力，让陈老师能够始终坚守在乡村教育的岗位上教书育人。在访谈中，陈老师多次表露出她对教师这份职业的喜爱，指出每天和学生打交道让她感到很快乐、很欣慰。她总说，大部分学生都很乖，也很懂得感恩，与他们打交道，幸福感远远多于困难。遇到调皮的学生不可避免，但只要用心去对待，用爱去感化他们，孺子可教，朽木可雕。陈老师自己从穷山沟里走出来，深知读书对于改变命运的重要性，作为一名乡村教师，她始终牢记教书育人、传道授业解惑的使命责任，以灯传灯，扎根在乡村教育第一线，希望尽所有努力帮助自己的学生。对教师这份职业的热爱，以及要让乡村孩子走出去看世界的愿望，让陈老师终身坚守在乡村教育的岗位上并不断前行。

身份认同促成满足感

在三十四年乡村教育生涯中，陈老师自身有着强烈的身份认同。这份认同，来自学生的喜爱、家长的肯定以及同事和领导的赞许。在访谈中，陈老师提到自己与学生的互爱，指出自己对学生付出，学生也会反过来关心自己。在下课时间，总会有学生围住陈老师，投以天真的笑脸；如果身体不舒服，学生们会关心陈老师，送上温馨的按摩；毕业后，依然会有学生经常联系陈老师，哪怕一句短短的问候，一份来自乡野的礼物。除学生外，陈老师也提到时常感受到家长的关心和肯定，认为自己得到了他们的信任。还有一点就是被领导和同事赞许，“领导也觉得我很努力，对我比较好，同事们都很相信我，觉得我教得好”。在这些外部因素影响下，让陈老师产生了高度的身份认同，获得了价值满足感，增强了自信，从而让陈老师产生“我自己就觉得在这里很不错，哪里都不想去”“我舍不得镇子小学。在这里教几十年书，与同事之间、领导之间和学生家长之间，感觉都配合得很和谐，就不想离开这个环境”的想法，从而选择长期扎根于乡村教育，一待就是几十年。

社会支持造就成就感

陈老师能够一直坚守乡村教育这一岗位，除了使命感与满足感外，和社会支持造就的成就感也是密不可分的。刚踏入教书育人的行业时，陈老师遇到了很多困难，教学压力大，学生又什么都不懂，一度让她觉得教书是一件非常困难的事情。“我经常去问我父亲怎么处理这种事情，他就慢慢给我讲怎么去处理，如何对待这些娃娃”。好在有父亲的鼓励与答疑解惑，加上陈老师自身的努力，慢慢就能够应对困境，适应了这份工作。并且在工作上，“领导也觉得我刚出来，还多努力的，同事这些也都看到了我的努力。当时自己也有一种欣慰感，觉得得到了大家的认可，慢慢就适应了”。在后来的教学中，陈老师曾多次被评为市级骨干教师、先进教师和优秀个人，这些来自上级、行业和大众的评价认可以及社会的支持加强了陈老师的成就感，使陈老师的工作信心不断增强，对乡村教育岗位的归属感也不断增强，从而更积极地投身到乡村教育事业中去。

启示：留住和发展乡村教师队伍是振兴乡村必由之路

“乡村教师数量不多、质量不高，是阻碍乡村振兴的重要因素”[①]。陈秋桔老师三十四年的坚守，对我们如何留住乡村教师这一群体提供了一些经验启示，主要体现在注重加强教师内驱力培养、树立社会尊师重道风尚以及制定合理政策提高教师待遇三个方面。

---

① 《建立长期稳定乡村教师队伍》，《人民日报》2018年3月14日。

加强教师内驱力培养

现在许多从师范院校毕业的学生，往往更倾向于留在大城市，不愿意去乡村，而原有的乡村教师，许多也离开去到城市，乡村教师这个群体正在慢慢流失。因此，大力推行乡村振兴计划，激发夯实教师对乡村教育的情怀，增强他们扎根乡村、服务乡村的内驱力尤为重要，要让乡村教师意识到自己完全可以在乡村文化振兴、乡村教育振兴中发挥积极有效作用，是实现伟大中国梦的一支重要力量。另一方面，在师范生培养中，要增强爱与责任的使命感塑造。陈老师在访谈最后指出，她感觉到现在的青年教师和她们那时候不太一样了，比较浮躁，缺少了一些敬业心与爱心。所以，在师范生的培养中，不仅要注重知识的传授，更要注重情怀教育。“师者，所以传道授业解惑也”，教师不仅要传授知识，更重要的是育人，这需要教师有爱与责任，有强烈的使命感。

树立社会尊师重道的风尚

要让乡村教师能够扎根于乡村教育中，多一些乡村“永久派”教师，还需要提高社会各界对乡村教师的认同度。由于城市与乡村的经济发展水平、教育发展水平不同，大部分人都更倾向于将孩子送到城里读书，且习惯地认为城里老师比乡村老师懂得多，对乡村老师的认同度不高。陈老师因为学生的喜爱、家长的肯定以及同事领导的赞许，产生了强烈的自我身份认同，从而萌生出“哪里都不想去”“不想离开这个环境”的想法。所以树立社会尊师重道的风尚，转变社会固有观念是留住乡村教师群体的重要举措。要不断提高对乡村教师的重视程度，提高乡村教师的社会地位，从而使乡村教师的自我身份认同度大大提升，自觉树立起愿意为乡村教育事业奋斗终身的理念，进而自愿扎根在乡村，哪里都不想去。

制定政策提高乡村教师的待遇

社会支持对乡村教师群体扎根乡村也是十分重要的影响因素。首先，要制定合理的政策以提高教师的工资福利待遇。部分乡村教师之所以倾向于调离乡村去往城市的一大原因就是觉得工资低，福利待遇没有城里教师好，所以要通过政策制定和执行，切实提高乡村教师的收入，城里教师有的，乡村教师也应该安排上，这样才能使他们有获得感，自觉自愿地留下来。其次，要完善相关的配套措施，改善乡村教师的教学环境和居住环境，让乡村教师产生愿意“留下来”的想法。同时，相关配套设施的完善，也能吸引大批新教师来到乡村，为乡村教育事业助力。最后，对乡村教师群体要采取特殊的奖励政策，不断提高乡村教师的成就感，比如通过考核评比、竞赛等，给予乡村教师一定奖励，以提高乡村教师的积极性，增强乡村教师的认同感、归属感，从而乐意成为乡村“永久派”教师。

“一个人遇到好老师是人生的幸运，一个学校拥有好老师是学校的光荣，一个民族源源不断涌现出一批又一批好老师则是民族的希望。”① 乡村振兴要依靠人才，而人才的培育必须依靠教育。注重乡村教师群体的稳定与拓展，提高乡村教师队伍的质量，对建设教育强国、科技强国、人才强国具有十分重要的意义。

作者简介：邹淼，女，四川师范大学马克思主义理论专业2021级硕士研究生。

① 习近平：《扶贫必扶智 阻断贫困代际传递》，《新京报》2015年9月10日第1版。

风雨中走来，泥泞中前行

——漆光华老师访谈录

蒋　雨

访谈人物：漆光华

访谈者：蒋雨

访谈时间：2022 年 2 月 10 日

人物备注：

漆光华，女，1944 年生，四川省富顺县永年镇菜田村人，1962 年从教，1999 年正式退休。从 18 岁少女到白发老人，她从未改变初心，三十七年来一直坚守在菜田村小学。她用爱心和知识教育了菜田村的几代人，改变了一个又一个家庭的命运。三十七年职业生涯中，她多次获得县级优秀教师、先进个人等荣誉称号。

漆光华老师

摘要：教，为启蒙之灯；师，为引路之人。在改革开放初期，第一代教师顺应时代的潮流，肩负着解放思想的社会责任，坚定且执着地开拓那条泥泞而曲折的教育之路，他们的存在是后来中国人口素质快速提高的必要条件。在当时，乡村教育问题亟须解决，故从中国社会的根本问题出发，国家提出要高度重视乡村的基础教育。在政策号召和大力扶持下，一大批优秀的乡村教师涌现出来，他们在金色麦浪间撒播知识的种子，在竹篱茅舍中讲述文明的力量，条件虽然艰苦，但坚定的意志战胜了恶劣环境，不变的信念支撑着他们为乡村培养了一批批受到良好教育的人才，为乡村的建设做出重要贡献。漆光华老师便是其中的一员，她扎根乡村教育事业，守着这块“田地”耕种希望，一晃就是三十七年。从业以来，她一直工作在自贡市富顺县菜田村小学，勤勤恳恳，诲人不倦，为教育事业奉献了无悔的青春，直到退休。本文采用个案研究法和访谈法，以漆光华老师为乡村教育的典型代表，探寻改革开放初期艰苦环境下乡村教师群体的奋斗史，并力求通过剖析乡村教育和乡村教师群体的时代变迁，论述如何在新时代将敬业、坚守、吃苦、耐劳的优良师德师风一代一代传承下去。

关键词：乡村教育；乡村小学；乡村教师；口述史

泥泞中前行

访谈者：数十年的人生经历中，是什么样的契机让您进入到教育行业的呢？

漆光华老师：1962 年我刚刚初中毕业，还没来得及认真思考人生未来，就遇上村小缺人，当时有一百多个学生，学校唯一的老师却因为结婚离开了工作岗位，情况紧急，一百多个孩子等着读书，没有老师可怎么办？村里、镇上非常重视这个事，于是生产队就开始四处寻找会读书识字的人，正巧我当时性格比较活泼，各科成绩还算比较好，做事也积极，村里就直接推举我上任，就这样我当上了村小的小学老师。所以说干教育这事儿也算是机缘巧合，当时我年纪不大，也没想过以后，哪知道会跟这三尺讲台“不离不弃”，就这么教着教着，大半辈子就过去了。

访谈者：在您执教期间，都曾遇到过哪些困难，能给我们分享一下您印象深刻的吗？

漆光华老师：困难呐，确实遇到过很多。我刚开始教书那会儿，整个社会的经济条件、物质基础都比较落后，有些村子根本就没有自己的学校，即便说有，也是附近的几个村子联合起来成立的一所学校。当时，我们菜田村人口多，有一个菜田村小学，但是学校的环境很差，教学条件也不好。那时候借着天空微光就得出发去上课，视线不好，路也不好走，不像现在这样又大又宽又平坦的公路，以前都是巴掌大的田坎路，两边都是农家地，一边种着胡豆，一边种着豌豆，走路时必须小心不能踩坏别人的庄稼。清晨露气很重，为了不打湿裤子，得把裤腿挽到膝盖高度，但是到了学校，还是发现大半身衣服湿透了。下雨天甚至还得把鞋子脱了，光脚走，因为鞋子可不能弄脏，给学生上课总要有个完整形象吧。尤其是到了冬天，往往到了教室回过神才发现腿都冻得没知觉了，我们都还好，到了学校看到一群提着鞋子的学生，冻得抱成一团，看起来怪可怜的。但就是在这种条件下，没有哪个教师放弃教书，也没有任何学生放弃读书。

访谈者：当时的环境条件确实很恶劣。除此之外，当老师的话，在经济方面对您的家庭会有所改善吗？

漆光华老师：说不上改善吧，那时候村里人有文化的就能够去当老师，但是读过书的人又很少，我当老师也就图有一份正常的工作，薪水就只有几块钱，能稍微补贴家用就已经很不错了。我当时属于民办教师，和公办教师比起来待遇差了不少。那个年代当老师可不仅仅是教书，家里都有责任田，我当时就是两边跑，既要保证教书质量，又要种地解决自己的口粮，但是哪有这么十全十美的事情，就像你挑担子一样，总有一边顾不着。我印象很深刻，那个时候想靠教书的工资生活，不是每个月都能按时拿到钱，想靠种庄稼，收成又不如意，说白了就是穷。

访谈者：那当时这种情况，您还是坚持把重心放在当老师上吗？

漆光华老师：我没有去考虑这个问题。那个时候对学校的老师来说，不需要去比较，教书就是最重要的，你把上课的时间拿去种田，那些来读书的孩子会怎么想？他们会不会觉得读书没什么用？连老师都可以舍弃上课时间去耕种。这就等于起了一个很不好的头，是非常不好的现象，与国家的政策相违背，扫盲运动就失去意义了。所以那时候发不起工资，田里收成不好，我们就用公粮抵扣工资，能周转一个月是一个月。总之，不管在什么时候，我都没有拿自己去和其他人比较，就想着把本职工作做好，对得起国家，对得起人民，也就问心无愧了。

风雨中坚守

访谈者：是什么让您选择并坚持在乡村小学教书？

漆光华老师：我给你讲一下我以前教书发生过的事儿。当时刚刚教了一年多，学校就停办了，我也没想过改行去做其他事，停课那一年我基本在参加教育宣传工作，也就是大家俗称的“扫盲”，后来教育口逐步恢复了，我也就继续开始教书。那年头教育一恢复，读书的人就更多了，大家想读书爱读书，我一个人根本就忙不过来，后来我就去劝说当时已经结婚离岗的王老师回来继续干，去了几次她也就慢慢被我说动了，我们俩加上校长就这么把村小学重新撑了起来。随着扫盲运动的深入，愿意送孩子读书的家庭越来越多，村里的人越来越重视教育，我们人手又开始紧缺，我又带着王老师去拜访游说其他离岗的老师们，就这么一路走过来了。从 1962 年到现在，你说是什么让我坚持在乡村小学教书，我也说不明白，我只是想如果我也不教书了，那这些孩子在哪里读书识字？所以我不能走，也没想过要走。

访谈者：在那个物质十分匮乏的年代，您认为教育对您来说意味着什么？

漆光华老师：我是接受过教育的，读到了初中。在我们那个年代，能够上学的人是非常少的，一个班只有几个人，不像现在一个班几十个人，一个年级几百个人，我们全校加起来可能才几十个学生，正是因为这个，才显得机会如此难得，所以我是非常珍惜的。但也正是因为读了书，才明白教育之所以重要，受教育的机会之所以宝贵，是在于教育本身的意义。我没有去过草原，却能在文字中感受那一望无际的绿、延伸至视线尽头的蓝，所以没有看到过的听到过的东西，可以因为听讲或阅读等方式而跃入我们脑中。当然，这些体会和感触值得被更多人了解触碰，所以教育给予我启蒙，也教我去教化他人。以前身边的人总觉得读书没什么用，新中国成立前，大家都大字不识一个，不也就这么过来了，但我觉得不是这样的。俗话说"民以食为天"，在当时那种条件下，人嘛，填饱肚子当然是第一要务，不过人活在世上不能只追求吃得饱饭。没有教育，大部分人就始终处于愚昧混沌的状态，善不知为什么善，恶也不知为什么恶，仅遵循本能做事，却丧失了总结、思考和继承，如果没有教育，我们怎么进步、怎么创造、怎么传承？所以那个年代，党和国家有远见支持扫盲，而我们又有这个能力，就应该响应号召，尽自己的努力能做多少事做多少事。教育对我来说就是一本字典，我想尽我最大的努力，将其中承载的内容传递下去。

访谈者：您认为当时的教育对于孩子来说有帮助吗？

漆光华老师：看看我们的过去，父辈是做什么活的我们就接着做，我们的后代也是一样，很少有人能走出不一样的路。我觉得教育是一种途径，让孩子们有了多种选择。我以前教的许多学生，有些因为各种原因没能继续读书，但他们有基本的读书识字能力，并且他们会更愿意自己的下一代也去读书受教育，这样时间一长，大家就会更加重视教育，也会随之发现教育的好处，这是一个良性循环。还有一部分学生也像我一样成了光荣的人民老师，我内心是感到很高兴的，也相当地支持他们。尽管我只是做了自己的本职工作，但是教育的信念却传递给了下一代，我认为这是一件很自豪的事情。反过来说，我的学生们也因为受教育而走上了与他们父辈不同的人生道路，不是说哪条路更好，但至少他们有了选择的机会，有了其他途径去了解这个社会、整个世界。并且现在看来，如果你不识字，在当下社会中生活的确会更困难一些。所以你问我有没有帮助，我觉得肯定是有的，并且这种教育的影响力不是一时的，它具有长期性，会影响你甚至你的后代。大家都愿意读书学习，社会当然也会变得更好。

变革中探索

访谈者：对比改革开放前后，您还记得国家对农村教师实施了什么样的新政策呢？

漆光华老师：我记不太清了，有印象的就是那个时候国家出台了对民办教师的培训、培养、考核、转正等一系列政策，将一部分优秀的民办教师转为公办教师。一段时间里，我参加过好几种培训，每种培训课程都有考核流程，并且考试合格了才给你发一个证书。我们当时一大批教师都去参加了，这也是提升自己能力的方法，我前后花了近两年时间来准备这些培训考核，现在想起来还挺不容易的。最后我们那一批人都合格"毕业"了。

访谈者：随着改革开放的深入，您的待遇有什么改变吗？

漆光华老师：改革开放后，国家经济快速发展，人民的生活也发生了巨大的变化。在这样的大环境下，我们乡村教师的待遇也逐渐提高了。以前我的工资是每天挣工分，一个月也就几块钱，但到了20世纪80、90年代，工资慢慢上涨，就能够拿到几十元了，现在我退休了，一个月也能享受到几千块的退休金，对我来说已经足够了。从几块到几十块再到几千块，我认为跟国家日益发展密不可分，国家往好的方向发展，我们的待遇也就越来越好。

访谈者：您当时有没有获得过学校给予的补贴呢？

漆光华老师：有过的，但我觉得那并不算是补贴或是帮助，而更像是对我的一种鼓励。因为我当时教课采用包班制，一周上六天，语文、数学都是我在教，和现在的教学是大不同的，现在每一个科目都有专门的教师来负责。我大部分时间都在教小学五、六年级，这在小学阶段来说算是高年级了。由于我教的是毕业班，那个时候又特别强调学生的升学考试成绩，学生考得好，学校就会给我一些相应的奖励，大多数的奖励都是一些生活用品，比如说枕头、床垫、铁盆什么的。我还记得我当时的教学成绩在整个年级都算得上数一数二的，因此，我获得过不少的奖励，这也可以算是学校给予我的一种补贴吧。

寄语新时代

访谈者：能讲讲您在教育教学过程中的一些感悟吗？

漆光华老师：以前我把教书育人当成一份工作、一种职业，后来当老师时间久了，教的学生也越来越多，看到一些孩子从迷茫中走出来，从懵懂变得清醒，从调皮变得有礼，心里也很欣慰。但是很多时候我是为这些学生担忧的。在我教书的早期岁月里，村里人的条件普遍不好，都挺穷的，对比现在的人，那可就差得太多咯。当时有些学生一学期一块多钱的学费都拿不出，而且基本上每个学期会有十几个孩子交不起学费。我看到一个个学生渴望求知的眼神，他们想读书却读不起书，这可怎么办呢？我心又软，于是就拿出自己的积蓄，给这些上不起学的孩子交学费，有的学费是一块八毛钱，后来变成了三块六毛钱，这些不同金额的费用我都替他们缴过。现在国家的经济情况好了，搞的是义务教育，国家免费让适龄的孩子上学。

我印象比较深刻的是菜田五队有一个学生，她叫王明芬，从小学到高中，我一直都在帮助她。她家里交不出学费，我就自掏腰包支持她读书，可惜这孩子考高中的时候差了几分，我劝她再去补习一年，正巧那个时候我的孩子也上高中，也没有更多的精力再去管她，后来好像她就没继续读书了，每次想到这个事情我还是觉得很惋惜。现在好了，都是义务教育，老师负责教书育人，有政府财政大力支持，真好啊。我讲这些事也是想告诉你们年轻人，要珍惜现在的条件，现在还有些娃娃不愿意读书，这都是以前某些孩子梦寐以求却求之不得的，生活在新时代，就应该趁着这么好的条件多充实自己。我也想借此告诉现在这些年轻的教师，教书育人是一件很纯粹的事情。老师是一个职业，但却不仅仅是个职业，教育就是把该传递给学生的知识道理想方设法传递到，教他们文化，也教他们做人，那这种老师才算得上尽职尽责了。学生有困难应该尽力帮助，要保持做这份工作的纯粹和初心，未来的教育还是要依靠你们这些年轻教师。

访谈者：您当了这么多年的乡村教师，您认为从业的意义是什么？

漆光华老师：刚开始教书的时候，其实并没有考虑过这些。之前我也说过，我为什么会成为一名教师，是因为正好学校缺人，我读过一点书，然后就去了。说意义嘛，后来想想觉得可能更多的是一份责任。教师不仅仅传授学生知识，更要教会学生如何做人。乡村教育家陶行知曾说："千教万教，教人求真；千学万学，学做真人。"我认为乡村教师这个角色有着多重意义。对于国家来说，我们当时属于农村教育的主力军，担起了"扫盲"的重任。扫盲期间，无论条件多么艰苦，老师们都坚持上课，教学生识字、读书，身体力行地履行着教书育人的职责。再后来到了义务教育时期，国家大力提倡普及适龄儿童的基础文化知识，那我们也得紧跟时代的步伐，响应国家的号召，于是大家又积极投身于义务教育的工作中。这之后，再也没有学生因为缺少学费而读不起书，再也不用担心明天会不会又少来几个学生。可以自豪地说，在不长的教学生涯中，我用实际行动为村里扫除了一批文盲，使他们具备了基本的读、写、算能力。

对于学生来说，作为他们的启蒙老师，我的初心是想为他们好。在当下的农村地区，很多父母都会选择外出务工，家里只剩下年迈的老人和幼小的儿童，在这种家庭中成长的孩子，就是留守儿童，在他们的成长轨迹中，缺少一些父母的陪伴，家庭教育的缺失对孩子影响也非常大。比如我印象很深的一个学生，直到现在我都还记得，他简直就是班上的“捣蛋王”，上课不认真听讲，作业也不及时完成，动不动就不来学校，很多老师坐在一起时都会谈起，一提到他就“头痛”得不行，甚至不想管了。之后，我去生产队了解这个学生的情况，才发现他是留守儿童，父母都出去打工了。清楚了他的大致情况，我回去也和学校其他老师进行了沟通交流，后来在休息的日子里我经常叫他来吃饭、谈心，渐渐地，他的行为就有了变化，在学校里的态度发生了极大的转变，其他老师也都表扬他进步很大。所以说，教育不只是传授给学生知识，还能影响他们的品行。

我们读书时都学过一句名言“老吾老，以及人之老；幼吾幼，以及人之幼”，这些孩子是家庭的传承，是社会的栋梁，也是我们国家的未来，传授给他们知识，培养他们的品德、能力，让他们去见识更广阔的世界，激发他们努力报效祖国、建设祖国，我想这应该也是乡村教师职业的意义吧。

教育部颁发的乡村学校从教 30 年证书

访谈者：您执教这么多年，培育了那么多优秀的学生，能详细谈谈您的教学方式吗？

漆光华老师：教书这么多年，我遇到过的学生天资参差不齐，我对他们最基本的要求就是无论读书行不行，一定要真诚做人。我教书的时候，有个别教师提倡棍棒教育，这一点我个人非常不认同，我的想法跟现在年轻一代一样，一个人要是不想学，打他又有什么用，所以我一直都采取鼓励和表扬的方法去激励他们更认真地学习。当然，不是说做了错事也要鼓励，该罚的时候还是得惩罚，例如惩罚背书、抄写这些。总之学习这件事，要求学生必须勤奋努力可以，但是不可能要求他们都做到成绩优秀。还有就是，在一个班级要明确奖惩，这样学生们才知道哪些是不能做的，会更加规范自身的行为。还记得以前班里有许多调皮捣蛋的学生，我对他们并没有采用体罚或者责骂的教育方式，而是一视同仁，也会询问他们的意见，听取他们的想法，无论奖惩都按照说好的来，这样时间久了，这些学生的行为反而会被慢慢地规范。其实在我看来，很多学生的顽皮，可能只是为了引起别人的注意，他们的内心本质并不坏，只要有足够的耐心和信心，多跟他们沟通，就会发现他们也都有非常善良可爱的一面 。

访谈者：在新时代，您对当今的青年教师群体有什么话想说?

漆光华老师：我以前的学生，有的当上了教师，干了教育这一行，他们逢年过节来看望我的时候，我经常会对他们说，要好好珍惜现在的这个平台，既然党和国家信任你，家长信任你，孩子们信任你，就要尽自己最大努力站好这班岗。教师这个职业，与学生打交道最多，而学生又是国家未来的栋梁、建设者，更是国家以后的中流砥柱，所以说我们当老师的必须肩负起赋予我们的使命。

首先，要端正从业态度，努力教好自己的学生，力求把他们培育成对国家社会发展有贡献的人。虽然当下的文教事业发展得越来越好，但还是有很多地方特别是乡村教育值得我们不断去关注，更需要一批坚守牺牲奉献理念、有情怀负责任的乡村教师深耕基层，持续发光发热。

其次，要重视教学方法。现在的学生人数和以前相比增加很多，一所学校、一个班级学生越多，教育管理起来也就更复杂困难，所以在教育过程中采用合适的教学方法就尤显重要。现在不比我们以前了，时代在变，学生在变，老师也要变。老话说得好，要活到老学到老。老师要有一桶水，学生才有一碗水。我年纪虽然已经大了，但从来没有停止学习，人不学习就会落后，落后就要被淘汰，所以我时刻提醒自己，当老师的就应该边学边教、边教边学，而且要多方面多领域地学习钻研，不断充实自己，取得进步。

最后，人一定要懂得感恩，珍惜来之不易的幸福生活，从过去的吃不饱、穿不暖到现在的小康生活，党和国家为老百姓创造了日益丰富的物质精神生活条件，带领我们过上了好日子，所以我们要永远听党话、跟党走，努力为国家社会做出更大的贡献。

访谈后记

漆光华老师兢兢业业在乡村教师的岗位上坚守了三十七年，历经时代变迁，人生几多磨砺，却痴情依旧，初心不改。在她平淡而不平凡的执教生涯中，形成了一套独属于她本人的教学方法，取得了优异的教学成绩，为菜田村小学的教育事业贡献了毕生心血。身处贫困农村的她，始终坚守着一名老师的职业道德，以身作则，以学生为本，以实际行动诠释了一名人民教师的真我本色。身处基层的乡村教师，其工作生活无疑是艰辛而孤独的，但同时也会体验另一种幸福和快乐。暮年的漆光华老师虽已满头白发，但她依然愿意同所有的乡村教师一起坚守那一份承诺，用自己余生的光和热再谱一曲奉献之歌，为乡村教育更美好的明天而不懈努力！

作为即将毕业的师范生，通过采访漆光华老师，我不仅感受和体验了她精彩的人生历程，也对伟大的乡村教育事业有了更深刻的理解。作为一名新时代的教师，做好教学方面的工作是当务之急，更应该从宏观的角度去寻求学生心理健康与学业成绩之间的平衡，从而促进他们全面发展。除此之外，在漫长的教育生涯中，每一位老师都难免会遇到一些困难，这时的我们应该向前人学习，以更宽容的心态、更包容的态度去对待正在成长中的学生。一名人民教师，不只是学生学习的引路者，更是教他们做人的好导师，因此我们更应该以身作则，规范行为，为学生树立起良好的榜样。

最后，在这里，让我们对漆光华老师致以最崇高的敬意！

作者简介：蒋雨，女，四川师范大学马克思主义学院学科教学（思政）专业 2021 级研究生。

大手携小手：教育之花在世界高城努力绽放

——以李建国老师对理塘县濯桑乡中心小学的帮扶为例

徐俊兰

访谈人物：李建国

访谈者：徐俊兰

访谈时间：2022 年 2 月 4 日、2023 年 1 月 4 日

人物备注：

李建国老师

李建国，男，生于 1962 年，中共党员，数学老师，中学高级教师，曾任成都市树德实验中学（西区）校长、树德实验中学（西区）甘溪分校校长，现任成都市树德实验中学（西区）视导员。他获得过“四川省优秀教育工作者”“成都市优秀教师”“青羊区优秀教育工作者”等多项荣誉称号，多次在市、区优质课竞赛中荣获一等奖，指导多名学生在全国初中数学联赛中荣获一、二等奖。2003 年他被评为“对口支援甘孜州民族地区教育工作先进教师”，曾多次参与省教育厅组织的省级骨干教师送教活动，将教育前沿成果和与先进教育理念引进到西充、古蔺、达州、眉山等地，推动四川民族地区教育优质发展，为新时代民族地区高质量发展和长治久安提供了人才保障和智力支撑。近年来他主持、参与了多项国家级、省级和市级教育科研课题研究，荣获“四川省优秀电教科研成果一等奖”，发表论文二十余篇，成为集教学、教研、管理于一身的复合型教育工作者。

摘要：近年来，理塘县基本形成“以基础教育为主体，兼具民族特色”的民族教育体系，逐渐探索出适应民族地区教育教学的成功经验，然而由于地理环境恶劣，经济发展水平低，当地人观念陈旧，且藏区现代教育起步晚、基础差、底子薄、资源少等原因，该县基础教育成为薄弱环节。本文运用个案研究法、文献研究法、访谈法，通过访谈李建国老师，梳理出四川藏区（以理塘县

为例）的教育发展现状及问题，即教师家长教育观念落后、教育资源配置不均衡、教学存在双语障碍、学生素质较差等，并探求支撑当地乡村教师在困境中坚守的情感动力，以此提出相关建议和解决措施。

关键词：四川理塘县；基础教育；民族地区教育

一、理塘县教育现状及支教帮扶情况

教育乃民生之本、固国之基。教育的发展非一朝一夕，任重而道远，也存在诸多问题有待解决。以前，理塘县濯桑乡中心小学只设一、二、三年级，共三十几名学生，其中一、二年级合并上课，教育资源极度匮乏。同时，这里也存在教育观念落后、师资力量薄弱、教育资源配置不均衡、教学上存在双语障碍、学生素质较差等问题。

教育是国之大计、党之大计。对此，理塘县紧紧围绕强化教育保障，将教育工作始终摆在优先发展的战略地位，政府树立“再穷不能穷教育，再苦不能苦孩子”的思想，倾全力支持教育优先发展，持续加大教育投入，不断改善办学条件，优化配置教育资源，全面推进教育改革，稳步提升教育质量，统筹推进各类教育协调发展，在“兜底线”“补短板”的基础上不断“强优势”“促均衡”，努力满足人民群众对公平且有质量教育的需求，全县教育事业发生格局性变化，整体水平得到系统性提升，实现跨越式发展，取得了历史性成就。

近年来，一栋栋教学楼拔地而起，一所所学校展露新颜，一张张笑脸阳光灿烂，一阵阵歌声清脆嘹亮。在理塘，教育事业发展迅速，素质教育全面开花，高原学子共享教育发展、公平普惠带来的丰硕成果。

理塘县特别注重支教活动对口支援和教育资源共享。为进一步促进成都对口帮扶理塘县教育工作的深入实施，加强两地学校交流，实现强弱帮扶、优势互补和相互辐射，增进民族团结，成都部分骨干教师在李建国老师的带领下，前往理塘县濯桑乡中心小学进行支教服务专项活动，展现了成都教师的良好风貌，为当地带去优秀的教师队伍和优质的教育教学理念、资源，助力教育帮扶措施的逐步落实，推进理塘县教育现代化进程，并力求逐步实现教育服务的公平和均衡发展，为建设美丽和谐的社会主义现代化新理塘注入源源不断的新动能。可以相信，理塘县政府未来还会持续加大教育方面的财政投入，保证教育优先发展，改善办学条件，朝着“教育筑梦，振兴理塘”的愿景奋力前行。

李建国老师接受采访

二、制约理塘县教育发展的主要因素

理塘县，隶属四川省甘孜藏族自治州，位于四川省西部，辖 7 镇 15 个乡，人口仅 7.4 万，民族 9 个，其中藏族居多，占 95%以上。该县地处川西高原，自然环境恶劣，经济发展相对落后，2020 年才摘去贫困县帽子，因此与之相应的文教卫生事业等也发展滞后。其中，当地教育事业的发展受到以下多种因素制约。

（一）教育观念落后

1. 教师教育观念落后

“我当时去的时候看见这些老师都拿着教鞭上课，他们都是要打学生的。实际上这些学生多乖的，只是成绩不好，人很淳朴，对人啊都是多好的。给你感觉就是，当这些学生把你眼睛看着的时候，他是很渴望和你亲近、交流的。”①

当地老师教育观念落后原始，教育学生的方式较为简单粗暴，没有运用正确、细致、耐心、和风细雨的教育方式去引导培养学生。而且，通过采访了解到，当地很多老师都是一身多职，同时教授语文、数学、藏语等课程，对学生采用传统填鸭式教学。

“我们当时看到的情况是，基本上每天一支粉笔、一本课本就过去了。当

① 引自 2022 年 2 月 4 日与李建国老师的访谈稿。

地教师不会教、教不来，同时个人也没有充足的知识储备，很难将当地的学生教育好。”①

李建国老师看到了当地教育暴露的突出问题，他想把先进的教育理念、多样的教学方法带到这片土地上。由此，他做了一系列努力，如教学示范、组织主题班会、家访学生、与当地教师谈心、开展校园活动等。在这些活动中，他始终保持与人为善、和蔼可亲的师者风范，为老师和学生们做出了良好的榜样示范。

“我很欣慰的是老师都把教鞭放下了，因为我给他们讲‘种瓜得瓜，种豆得豆’，你如果给娃娃种下‘用鞭子来教育学生’，那他未来教育学生也就用鞭子。反之，如果你关心他帮助他，用爱心来教育他，那他传递的也是爱。当时我送给他们一本书叫《爱的教育》，李镇西的，特意买来送给这些老师。”②

终于，在李建国老师的引导下，当地的教师们纷纷放下教鞭，开始运用和风细雨式的教学方法、幽默诙谐的教学语言来吸引学生，学会采用参与、交流的教学方法刺激学生融入课堂。当地越来越多的老师采用互动型、活动型课堂，在师生互动、生生互动的各项活动中，学生通过书面表达、语言叙述、上台展示、质疑点评等方式，对问题进行分析、交流、评价，将学生吸引到模拟情境当中，在愉快的氛围里达成教学目标和培养学生学科核心素养，彰显活动型课程的魅力。

“藏区农村师资薄弱问题，主要表现为师资队伍建设上的‘三难’，即招收进来难，挽留下来难，培养起来难。”③ 其中，最核心的问题就是“留不住人”。当地居住环境差，缺乏优质的教育及医疗等资源，即便是引进了优秀的师资力量也难以留住。同时，任教老师的学历良莠不齐，知识储备参差不齐，这在一定程度上限制了当地藏区基础教育的发展，不利于基础教育整体实力的提升。由此，上述原因成为桎梏藏区基础教育的一大瓶颈，导致藏区学生难以在接受初中教育之后进入高中学习。

2. **家庭教育观念落后**

“当地很多学生小学还未毕业就会放弃读书。一些父母因为学费太贵或认为读了书也没有用，有的家长认为孩子听不懂普通话教学，因而让他们辍学回

① 引自2023年1月4日与李建国老师的访谈稿。

② 引自2022年2月4日与李建国老师的访谈稿。

③ 唐眉江：《强师资补短板 助推藏区教育发展》，《中国民族教育》2016年第6期，第40～41页。

家放牧或者回家带弟弟妹妹。”[①]

李建国认为，导致学生辍学的主要原因有三：首先，家长认为教育目标、课程设置、教学语言不符合当地的实际情况；其次，教育的成本高而收益低；最后，藏族地区的人民生活相对贫困，收入来源方式单一，许多孩子在很小的时候就已经开始帮助家里干活，如放牛、经营农家乐生意、干农活等等，导致经常不能去上学，所以很难同时兼顾学习与劳动。另外通过走访了解到，学生弃学还有一个重要的原因，即当地受藏族传统观念和宗教习俗影响，牧民大都习惯送孩子去传统寺院接受教育。

“当地家庭普遍较为贫困，有的家庭由于没有足够收入支撑孩子读书，让孩子提前去当劳动力，因而导致其辍学。我也到过学生家里，确实很穷，干栏式的房子很破烂，底下喂牲口，上面住人，卫生条件比较差，但是人很热情，给你拿酥油茶、风干牛肉吃。”[②]

（二）教育资源配置不均衡

包括理塘县在内的四川藏区虽然学校数量、师生比等已基本达到国家平均线，但是仍然存在城乡教育发展不均衡问题。大多数偏远农牧区学校数量少，软硬件设施陈旧落后不达标，依然无法满足整个地区办学需求。在教育资金分配过程中，绝大部分教育扶贫资金用在了城区和重点学校校舍、操场新扩建上，而偏远牧区学校未得到应有的改造，导致各地区教育发展不均衡，各县教学质量差异较大，一些学校老旧的教学设备严重影响到教学效率。通过访谈李建国老师了解到，四川藏区大部分学校的校舍仍是传统木板房，几十个学生挤在一个小教室里，基础设施也不足，往往没有像样的黑板，至于多媒体设备、实验室、体育器材、图书资源更是缺乏。

（三）教学上存在双语障碍

“在当地，我用普通话上课他们根本听不懂，他们说用四川话勉强还有一部分人听得懂，简直没法上。但是我还是想上一节课，于是就上了一节语文课，方式是我说一句，旁边有个老师就翻译一句。”[③]

由于当地人日常交流都用藏语，很少用普通话，因此必然带来教学障碍。

---

① 引自2022年2月4日与李建国老师的访谈稿。

② 同上。

③ 同上。

藏区学生从小生活环境较为闭塞，绝大多数一直生活在藏语环境中，连基本的汉语也不会说。当地有些老师普通话也不是很标准，使用汉语教材进行教学存在严重的语言问题。藏区学生原本基础就较为薄弱，知识点理解比较缓慢，大多为死记硬背，再加之语言障碍，更让学生学习起来十分艰难。

（四）学生素质不高

在四川藏区，许多孩子从小就因帮助家里干活而放弃上学，他们大多缺乏家庭教育、学校素质教育，也没有便利发达的网络环境供其学习知识、了解世界，导致当地学生素质普遍较差。

“藏区学生不仅运算能力比较差，平面几何、三维空间想象能力就更差，思维发展受阻。在当地数学教学中，必须通过逐步讲解引导学生不断联想或猜测，以帮助学生熟悉掌握比较复杂的图形。同时，还需要向学生教授如何从特殊到一般进行归纳，以训练其逻辑思维；如何由点及线再到面，以培养其发散思维。当地藏区学生基础薄弱，形象和逻辑思维能力匮乏，学习能力差，已经成为影响藏区教学各方面的一个大问题。”①

三、理塘县的教育发展对策

（一）坚持新时代党支部（党总支）领导下的校长负责制

习近平总书记指出：“加强党对教育工作的全面领导，是办好教育的根本保证。”实施党支部（党总支）领导下的校长负责制，是坚持为党育人、为国育才，保证党的教育方针和党中央决策部署在中小学校得到贯彻落实的必然要求。必须把政治标准和政治要求贯穿于办学治校、教书育人全过程各方面，不断落实把思想政治工作和德育工作这一中小学工作的生命线牢牢抓在手上，坚持社会主义办学方向，落实立德树人根本任务，不断推动基础教育高质量发展，努力培养德智体美劳全面发展的社会主义建设者和接班人。

四川省藏区教育暨推进“9+3”免费教育计划工作会议强调，“发展教育是各级政府应尽的责任，搞好藏区教育工作关键在领导，重点在落实。要进一步强化领导责任，各级政府主要领导是发展教育的第一责任人，藏区各级党委、政府要建立责任制，党政一把手要亲自抓教育，切实把教育放在优先发展

① 引自2022年2月4日与李建国老师的访谈稿。

的战略地位上来，形成促进教育发展的长效机制。”①

“这十年，教育改革持续深化。党对教育的领导全面加强，学校党支部从10个发展到17个，党员从170人发展到232人，全面落实党组织领导的校长负责制。学校先后召开八届校园长论坛，实施教育联合体‘跨校走教’‘专递课堂’，破解教育发展难题十余个，大力推进‘双减’‘五项管理’‘高考加分改革’等改革，教育活力不断激发。”②

（二）持续提高师资质量

“当时主要的问题就是学校老师少，一个老师可能要负责好几门课程的教学。”③

当地师资数量少，质量也不高，成为当地教育发展的首要难题。李建国老师提到，今后还要对现有在职教师加大培养投入，定期对其进行培训和考核，重点放在提高在职教师思想道德素质、科学文化素质和身体素质等方面。然而最根本的问题还是要思考“如何才能留得住人?”只有加大政策支持，鼓励师范院校毕业生和非师范院校优才生到当地支教，才能形成长期有效的“造血输血机能”。例如四川师范大学保研政策中就有“研究生支教团推免专项计划”，即若去普格县支教一年，回来后可以保研本校。

“通过政府购买服务、定向免费培养等，当地已累计补充学前及义务教育阶段新教师570余人，专任教师学历合格率达100%，其中音、体、美等紧缺学科教师30余名，学科结构更加合理。通过‘请进来、送出去’的方式建‘五位一体’的培训平台，培训教师8000人次，大力发挥‘传帮带、师徒结对引领作用’。建立教师激励机制，义务教育教师工资收入水平不低于当地公务员平均工资收入水平，兑现教育教学质量奖1780万元，兑现教师30年从教一次性补助200余万元，教师幸福感、获得感、荣誉感不断增强，全社会尊师重教的氛围空前浓厚。”④

同时，这些年当地也在不断想办法提高师资数量与教师水平。由此可见，近年来当地教师队伍建设成效显著。为留住人才，当地制定优惠政策，吸引优秀人才，不断提高藏族地区教师的福利待遇，提高福利津贴，对于长期在藏区

① 沈文、黄良富、杨燕：《加快藏区教育发展　全力推进“9+3”计划实施》，《甘孜日报》2009年8月28日，第1版。

② 引自2023年1月4日与李建国老师的访谈稿。

③ 引自2022年2月4日与李建国老师的访谈稿。

④ 引自2023年1月4日与李建国老师的访谈稿。

任教的教师加大奖励。

“根据目前基础教育阶段教师素质低且部分专业教师数量不足的状况，加强师资队伍建设。例如：采用定向招生制度，培养一大批‘进得来、留得住、干得好’的教师；通过‘请进来、送出去、顶岗实习’等途径提高在职教师的质量；提高农牧区教师待遇，改善其生活工作环境，以保证弱势地区能留得住优秀教师。”[①] 除此之外，当地还可以设立民族地区教师专项补贴。民族地区的工作生活环境差，气候恶劣，乡村教师的条件尤为艰苦，因此更应提高其待遇，使他们更愿意留在本职岗位。

（三）完善教学硬件设施

“我们每一次过去支教，都会给当地及本校捐一些书啊、粉笔啊、文具等等，以此来帮助当地教学。”[②]

当地教育硬件设施较为缺乏，每一次去支教，李建国老师及其团队都会捐赠一些教学物资。他强调，当地各级政府须进一步加大对基础教育的投入，同时也要改革基础教育财政拨款机制，建立基础教育经费保障机制，优化教育资源配置，提高资金利用率。要不断完善操场、图书馆、实验室等教学设施，形成集中办学模式，营造良好校园环境。

通过不断努力，理塘县的办学条件近年来显著改善，教学硬件设施逐步得到更新和完善。

“理塘县以‘十年行动计划’‘薄弱学校改造计划’为契机，多方争取项目建设资金 8 亿元，新开办幼教点、中小学校 60 个，新改扩建运动场 30 余个，新建校舍 6.73 万平方米，新建教师周转房 500 余套，新增学位 4315 个，实现学前教育全域覆盖，班班通设备及网班教学在城区全覆盖，全县所有中小学校运动场和互联网实现全覆盖，义务教育均衡达标，通过‘两基’国检和国家义务教育基本均衡县评估验收，集中规模办学成效明显。”[③]

扶贫先扶智，乡村振兴战略一定要与教育扶贫相结合，方能提升脱贫能力，开拓发展空间，托起美好未来。如今越来越多的高校与贫困地区相互帮扶、对口支援，高校推出“三下乡”活动，即通过建立假期支教队，学以致

① 捌马阿末：《近十年藏区教育发展现状、困境及突破——以甘孜藏族自治州为例》，《西南农业大学学报》（社会科学版）2012 年 10 月，第 172 页～176 页。

② 引自 2022 年 2 月 4 日与李建国老师的访谈稿。

③ 引自 2023 年 1 月 4 日与李建国老师的访谈稿。

用，在寒暑假到偏远山区将自己所学传授给当地的孩子；高校研究生团开展“顶岗支教”，实现教育教学互利双赢；高校食堂统一购买扶贫当地的农产品，帮助其扩大销售量；高校志愿服务队定期开展捐书、捐物等活动，秉持新发展观念，循环利用，建设绿色美丽乡村，等等。

四、结语

如今，在四川广大藏区，伴随着党和国家对教育投入的不断加大及乡村振兴计划的实施，一间陋室里一位教师守着几个学生的场景一去不复返，农牧民送子女上学的积极性空前高涨，从“要我上学”到“我要上学”再到“我要上好学”的教育新观念已深入人心。

“合抱之木，生于毫末；九层之台，起于累土；千里之行，始于足下。”真正做好藏区教育发展工作，非一时之计，更非一日之功。但可以坚信，未来四川藏区在保证教育优先发展，努力改善办学条件，逐步实现办学兴校集中规模化、规范标准化、智慧教育信息化和优质发展均衡化的基础上，实现更大的跨越和腾飞。同时，我们还要实现巩固拓展脱贫攻坚成果同乡村振兴的有效衔接，守好控辍保学防范线、义务教育保障线、教育质量控制线以及乡村振兴支撑线，切实推动藏区乡村振兴工作持续深入。

面对新形势，开启新征程。理塘县教体系统将继续高举习近平新时代中国特色社会主义思想伟大旗帜，以更加昂扬的姿态、饱满的热情、务实的作风，奋力开创理塘教育事业发展的新局面，办好党和人民满意的教育，为建设美丽、生态、和谐的社会主义现代化新理塘贡献全部力量。

作者简介：徐俊兰，女，四川师范大学思想政治教育专业2021级本科生。

无问西东三十载，不悔奉献三尺台

——袁大军老师访谈录

夏　双

访谈人物：袁大军

访谈者：夏双

访谈时间：2022 年 1 月 27 日

人物备注：

袁大军，男，生于 1969 年，四川省绵阳市安州区花荄镇人，中学高级教师。1989 年登上讲台，先后在绵阳市安州区塔水二中、安州中学任教，曾多次获得“师德标兵”“优秀教职员工”“先进个人”等荣誉称号。

袁大军老师生活照

摘要：教育是国之大计、党之大计。在改革开放的时代背景之下，中国的教育事业蒸蒸日上，这些变化和发展都在朝着“办人民满意的教育”的方向和目标迈进。在这一伟大历史进程中，无数的青年教师投身到了乡村的基础教育事业之中，本文主人公袁大军老师，就是那些为基础教育事业奉献了青春和热情的普通教师中的一员，他平凡职业生涯中散发出的伟大人格魅力，深深影响着一代代学子，成为我辈师范学生学习的楷模。

关键词：从教；教育；坚守初心

平凡路上，朴实之花终绽放

在基层从教的峥嵘岁月里，袁大军老师心中总是种着希望的种子，他不断地浇灌和呵护，终于开出了属于自己的那朵朴实之花。

“从事教师职业，品行必须端正，才能够做到为人师表，这是作为教师最起码的要求。”

袁老师虽不是党员，也非领导干部，但即便只是一名普通群众，也始终在教育领域坚守着自己的初心和信念，就算历经岁月沧桑都未曾改变。今天，袁老师仍旧驻守在教育阵地第一线，不断为祖国人才产出做着自己的贡献。

当得知袁老师多年来不为名利坚守岗位、兢兢业业教书育人的时候，我产生了这样一个疑问：袁老师现在的身份是代课老师还是编制老师呢？

“我现在是一名编制老师，从最开始任教的时候就在编了，一直从事这个职业。现在教师队伍越来越庞大，越来越优秀。当然啦，我也不能没有进步，在平时我也在不断地提升自己。”

作为一名编制老师，袁老师面临的压力非常之大。高中学生要经历许多的新困惑和新烦恼，特别是高三学生，要面对一年一度的高考，而老师要面对的是如何提高学生的学习复习效率、考试成绩以及有效解决学生心理困惑等一系列的问题，要对学生负责，其中必然承受了不计其数的重担。从交流中，我能体会到袁老师在谈到自己的学生和工作时，那种语重心长、苦口婆心的心境。

“教高一、高二的学生，每天晚上差不多10点就可以结束一天工作，而自己也会早一点回家休息。但是如果教高三学生的话，那么肯定要晚一点回家，每天差不多会在11点之后睡觉……”

说到作息时间，袁老师不仅没法做到日落而息，还必须每天在日出前赶往学校，开始长达十几个小时的工作。面对身心的巨大耗损，普通人都难以承受，而年近六旬的袁老师仍选择坚持到底。

我们的人生不仅仅是由工作来充实的，同时丰富的爱好和多彩的生活也会把它点缀得如万花筒一般。当问到袁老师的日常生活时，他怡然自得侃侃而谈。

“我其实并不在乎平时吃什么东西，只要能够保证自己的一日三餐，填饱肚子就已经足够了。还有其他的兴趣爱好嘛，就比如说，下下围棋、练练字、唱唱歌、画画，还有参与学校组织的公益活动和志愿活动这些啊。”

平常里的袁老师过得随性而恬淡，同时又充满生活情趣，他懂得如何在忙碌的工作间隙陶冶情操、培养品性、锤炼人格。

征途漫漫，从教信仰恒不变

“三尺讲台育良才，一支粉笔写未来”。悠悠三十载，袁大军老师在教室里已扎下深根，任由暴雨无情拍打、狂风肆意呼啸，这棵参天大树始终屹立不倒。

当问到袁老师是多久开始自己的从教生涯时，袁老师似乎陷入了沉思，过了须臾，袁老师才开口回复了四个数字："1989"。

三十多年前的中国，经济远不如今日繁华，物质条件也不够丰盈。那时的学校大多没有宽大的校舍、豪华的操场，那时的教学设施和教学资源也相对简陋和匮乏，然而中国的教育事业就是在这样的环境里一步一步发展壮大。一位老师，一块黑板，一支粉笔，三尺讲台，传授互动间，莘莘学子幸福地吸吮着知识的营养。

在交谈之中，我对袁老师最开始从教的学校产生了兴趣，于是询问道："袁老师，你第一次从教是在哪一所学校呢?"

"从教的第一年，我在当时的四川省绵阳市安县塔水二中工作。现在，塔水二中已经变成了塔水二小，就在现在塔水大坪坝那个地方。"

从教之初，袁老师每个月只能获得几十元的报酬，相对于当时的物价和生活水平，日子也算过得比较紧巴。在回复从教生涯中是否得到过政府的帮助时，他淡然而充满自信。

"在整个国家的发展过程中，其实自己已经得到过了国家的帮助，因为国家的发展也带动着自己向前发展，只是说针对个人特殊的一种帮助方式，自己并没有尝试去争取，因为会有人更需要国家和政府的这一份帮助和支持。"

人们常说工作和家庭就像一块翘板，用力不均，则永远处于不平衡的状态。在这方面，袁老师突破了常人的看法，对待工作和家庭，他有着自己的一套应对方法。

"上班时间，自己就全身心地投入工作之中。回到家中，自己主要陪伴家人，完成家务。有时候工作任务比较繁重，自己也会带到家中，但是前提是在做完家务之后，适当地完成在学校没有完成的工作。"

当然，在工作中，袁老师也会遇到大大小小的难题。面对难题，袁老师总以平静的心态处理。面对工作中的困难，袁老师不是撒手不管，由之任之，而是积极发挥能动性，利用身边的优势力量去解决。

"在工作中，遇到难题是在所难免的。解决这些问题，主要依靠自己想办法，如果解决这些困难的办法超出了自己的能力范围，自己则会寻求同事和学校的帮助。"

袁老师始终心存一种执念："干一行，爱一行。"在谈到教师这个职业与其他职业有什么区别时，他总说自己一直驻守在教师这个行业，入行时没有考虑选择其他职业，入行后也没有更换从事过其他行业，对其他的职业了解不多，所以没有理由去评论其他的职业。

“干一行，爱一行，每一个职业的从业人员都应该爱岗敬业，作为老师拥有责任心是非常重要的。自己喜不喜欢这个职业，那当然是喜欢的，自己干这一行干久了之后，就没有想过要去干其他的行业，就只想专注地将这件事情干好，干得精彩。”

一路走来，不断经历变迁和困难，但似乎没有什么能够真正打败袁老师，迫使其放弃教师这个职业去从事其他的行业，因为袁老师心中有信念，脚下有力量。

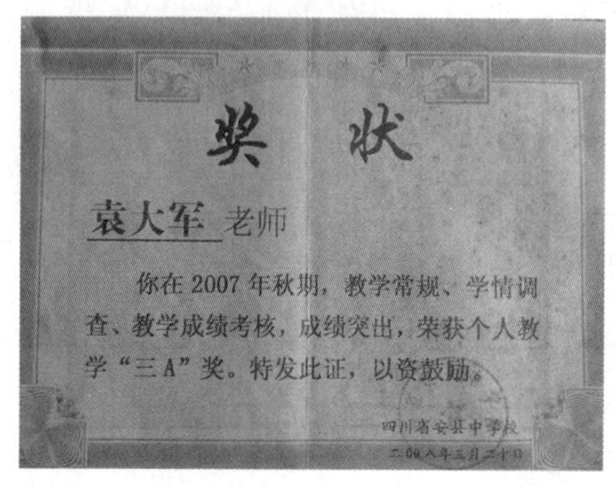

袁大军老师 2007 年获得
个人教学“3A”奖

袁大军老师 2012—2013 学年度获得
“师德标兵”荣誉称号

桃李芬芳，师生情谊永世传

“一朝沐杏雨，终生念师恩”。袁老师播撒种子于祖国大地，每一粒种子都得到过袁老师的雨露滋润。

作为袁老师班上曾经的地理科代表，对于袁老师的关怀，我刻骨铭心。除了我，还有一些默默关注袁老师动态的同学，也许袁老师本人并不知道这些事情，但是作为学生的我们，一直都深深地感激着这位平凡的老师。

当我在与袁老师的交谈过程中，询问他对我们班还有什么印象时，只见袁老师的脸上拂过淡淡的微笑，随之娓娓道来。

“总的来说呢，绝大多数的同学都很好学，而且也有很多同学通过努力进入了自己理想的、想进的大学。当然在这里，个别同学可能也有自己的一些遗憾，也许这样那样的原因。但是，不论哪种情况，我都对我的学生未来的发展充满希望。”

其实袁老师从来都没有忘记我们，而是一直珍藏在他的美好回忆里，只是缺少适当的时机表达出来。当问及袁老师从教生涯里最有成就感的时刻时，袁老师用三个“能够”给予了最完美的答案。

“自己所带的学生能够健健康康地成长，能够实现他们自己心目中的学习目标，能够进入到他们理想的学校。这就是自己作为老师感觉到最快乐的事儿，最有成就感的事。”

袁大军老师辅导学生作业

我深知自己离开高中学堂进入大学，就会渐渐淡去与袁老师和高中其他老师的联系，但是那些用三年高中难忘时光编织成的师生情谊是永远剪不断的。

袁老师用行动将“少年不惧岁月长，彼方尚有荣光在”的青春誓言演绎给我们，用时间将“无问西东三十载，不悔奉献三尺台”的青春信念为我们证明。在袁老师的从教生涯中，他一直坚守在属于自己的舞台上，不忘初心、砥砺前行。因为职业，他站上了三尺讲台；因为责任，他继续站在三尺讲台上；因为信仰，他一直坚守于三尺讲台。

访谈后记

2019 年 9 月 10 日，在《习近平讲述的故事》有关中国共产党人的精神谱系系列特别报道中，介绍了这样一位优秀的人民楷模：在河北的太行山深处，他教书育人的身影不仅出现在三尺讲台上，而且也和他的学生一同出现在田间地头，被习近平同志亲切地称为“新时期共产党人的楷模、知识分子的优秀代表、太行山上的新愚公”，他就是最美教师——李保国老师。在乡村振兴的时代主题下，李保国老师始终将“三尺讲台”和“田间地头”紧密结合，将自己的实践经验和科研成果及时充实到教学之中，用科技的力量使许许多多的落后山村摆脱了贫困，帮助十万多名群众走上了致富的道路。

李保国老师是新时代伟大教师队伍中的优秀典范，为学生、为家乡做出了突出贡献。在今天的中国大地，其实还有数不清散发着光芒、燃烧自己照亮学生的无名教师，他们或许平凡，但绝不平庸，他们都是勤勤恳恳的园丁，都值得我们为之讴歌。

当学院开展“最美乡村教师”口述史活动时，我首先想到的就是曾经的中学地理老师袁大军，一位朴实无华、尽职尽责的教育工作者，他出生并成长于有着“富乐之乡”“西部硅谷”之称的四川绵阳。袁老师的父母养育了他与兄弟姐妹共四人，他在家中排行老大，也因此从小就帮着父母承担起许多的家庭重任。这也许就是他能够沉着冷静面对教学困难，坚韧不拔对待工作中挫折的原因。在中国，像袁大军一样的普通教师有很多，他们坚守初心，爱岗敬业，一生不变。他们是中国教育的脊梁，更是我们师范生的榜样。

作者简介：夏双，女，四川师范大学马克思主义学院思想政治教育专业2020级本科生。

奋斗的青春，请带我飞翔

——两位青年乡村教师访谈录

谈　鲜

访谈人物一：谈宁海

访谈者：谈鲜

访谈时间：2022 年 2 月 13 日

人物备注：

谈宁海，毕业于四川师范大学物理与电子工程学院，2014 年起任教于四川省凉山彝族自治州盐源县泸沽湖初级中学，2017 年 9 月至 2018 年 8 月交流到盐源县梅雨中学，是一位善于改革探索的年轻新锐老师。

谈宁海老师工作照

访谈人物二：陈志勇

访谈者：谈鲜

访谈时间：2022 年 8 月 11 日

人物备注：

陈志勇，藏族，现任教于泸沽湖小学，小学语文高级教师。陈老师 2001 年任学校总辅导员以来，结合时代精神及素质教育要求，在全校主持开展了“以主题活动为主线，以月汇演为特色”的少先队活动，活动以音乐、舞蹈、小品、朗诵、快板、课本剧等学生喜闻乐见的形式为载体，充分发扬摩梭文化的特长与优势，在学生德智体美劳全面发展中铸牢中华民族共同体意识。

2006 年 6 月，陈志勇老师在泸沽湖畔创建了当地第一支本土乐队——后龙组合。2007 年 5 月，他荣获了四川省教育厅颁发的“第十五届青少年百科知识竞赛指导教师奖”。2008 年 8 月，他应邀参加台湾 SNH 和谐与自然系列纪录片摄制组在泸沽湖关于弘扬摩梭民歌文化的拍摄。2008 年 10 月，他荣获凉山州第三届“十佳少先队辅导员”荣誉称号。2011 年 3 月他参与完成州级教研课题“摩梭学困生的问题与对策研究”，其中所著论文《摩梭孩子家庭教育的盲区》荣获国家教研论文“二等奖”。

陈志勇老师个人音乐作品有：音乐 MV 专辑《天上摩梭》《美丽家园・泸

沽湖》《大山的故事》等。

教途路漫与亲历

在自述自己的教书历程时，谈宁海老师蹙眉沉思，陷入回忆，仿佛回到了刚刚毕业走上岗位的那段日子。他说道：

“2013 年，我在仁寿县实习了两个多月，在那儿主要是学习教学，然后从 2014 年开始一直到现在，基本上都在泸沽湖。2017—2018 年，我在梅雨待过一年。我主要是教物理，除此之外，我还教过三年初中数学。”①

据了解，梅雨中学距谈宁海老师的家最多不过半个小时车程，而泸沽湖中学却距谈宁海老师的家足足有三四个小时车程，这三四个小时都是沿着山脚延伸的山路，一侧是大山，一侧是河流。这条山路全程蜿蜒曲折，每一个弯道都不见对面的来车，只能靠一声声汽车喇叭鸣响探得前面的路况。从这条山路到学校，全程喇叭声不断，像是山里孩子期盼时欢快的心情。谈老师回忆道，刚毕业工作的时候还没有买车，每次去泸沽湖学校，首先要从家里坐班车到县城，再从县城坐班车到泸沽湖镇，几经周折才到学校。在学校休息，他和两位老师一同住在一间废弃的电脑室，条件确实比较艰苦，但咬咬牙也就坚持下来了，这一坚持就是好多年。

说到这里，我也不禁为之动容，心里有种说不出来的感觉，有尊敬，有佩服，更有感动。相较靠近中心城镇又距家更近的梅雨，谈宁海老师选择了更远的泸沽湖，当我们问他原因时，他沉默了一会说：“再远的地方总要有人去，他们需要我。”② 说到这儿，我以为自己当时明白了他的意思，但后来才发现，这句话中的“他们需要我”不仅仅是指学生们缺一名物理老师，还因为他曾教过多个科目，孩子们因此有了学习其他知识内容的机会。

陈志勇老师作为当地人，又有着几十年的教书经历，他更像是一个见证者。他自述道：

“我是从 1998 年到这个学校教书的，所以感觉这几十年间，学校的校风校貌、校舍建筑还有教育教学理念和教学方法都有变化。比如说从校风校貌来看的话，提倡建设摩梭文化是李校长开始的，他很注重我们学校的民族文化融入这块。经过几任校长的努力，加之政府对教育的高度重视，脱贫攻坚、控辍保

① 引自第一次采访谈宁海老师的访谈稿，2022 年 2 月 13 日。

② 引自第二次采访谈宁海老师的访谈稿，2022 年 8 月 9 日。

学等都跟教育教学挂钩。政策实施后，校风校貌、教师的精神风貌和教学理念，我觉得都有一个非常大的变化，特别是有助于学校摩梭文化的融入。另外，在书法教育课外活动当中，我们搞了课后服务，课后服务的重点是建兴趣班，注重对学生特长和兴趣爱好的培养。这些都是新的变化，不像以前纯粹只讲分数，而是尽量地向着学生靠近，为学生的全面发展着想，要让每一个学生都受益。就是这样的一种经验在慢慢运作，我觉得学校这几年一直朝着好的方向在发展，趋势很好。”①

针对课后服务，陈老师分享道：

“除了主科以外，学生们还可以学习他们感兴趣的，比如音乐、书法、舞蹈，甚至是篮球、乒乓球这些。这些课程是在正常课程结束以后提供的，使用了先进地区配套的一些教学方法。现在国家出台相关政策并下发文件鼓励开展素质教育，促进学生全面发展，这样就兴起了课后服务活动的形式。”②

通过陈老师的介绍，我也切身感受了山区学生课后服务的现状，这正是落实“双减”政策的意义所在。课后服务不仅能帮助孩子减负，帮助家长缓解辅导作业的压力，解决双职工接送孩子的烦恼，更重要的是让孩子有更多自主的时间学习课外知识，丰富他们的兴趣爱好，真正做到让学生回归校园，让教育回归本质。这是教改发展的一大进步，对于山区的学生来说更是一种契机，可以激发他们探索更多未知领域的热情。

陈志勇老师除了从事教育教学工作外，还积极致力于摩梭文化的传承。在学校的支持下，他在教学之余向学生教授本民族文化，为此付出了很多的时间和精力。为了让摩梭文化不断流传，让学生学习到系统的正确的摩梭文化，他编撰摩梭文化校本教材，教授学生摩梭音乐、摩梭舞蹈……在和他的聊天中我感受到他有一股劲，一股着力弘扬摩梭文化，想让更多人正确了解摩梭文化的劲。他有一种情怀，一种对摩梭文化独特且深厚的情怀，而蕴于这种情怀之中的执着也着实令我佩服不已。我想，他不仅是一位优秀的教师，更是一名优秀的传统文化传承者和弘扬者。

窗明几净与日新

采访者：您参加工作的时候，学校的宿舍是什么样的呢？

谈宁海老师：刚参加工作的时候，我们学校的宿舍是完全不够的。男生寝

---

① 引自第一次采访陈志勇老师的访谈稿，2022 年 8 月 11 日。

② 引自第二次采访陈志勇老师的访谈稿，2022 年 8 月 12 日。

室基本上还够，但是女生寝室是不够的，学生都是住在平房里面的。应该说男女生寝室当时都是不够的，只能两个学生挤在一张床位上面。教师宿舍的话，基本上没有，都是由学生宿舍改造而来的。我们当时的校长，就住在自己的办公室里。我和我的一个同事以及我们学校的一个副校长，我们三个住在一间废弃的电脑室里边的，基本上是能挤一挤，我们就挤一挤，也就这样过来了。

采访者：那现在的宿舍又是怎么样的呢，又有什么较大的变化呢？

谈宁海老师：我觉得相比以前，我们现在的住宿条件已经得到极大的改善，不管是学生宿舍还是教师宿舍，数量上是完全足够的，基本上达到了老师每个人有一间房，而学生的话，每个人都有一张床位。除此之外，师生在生活上用水用电都非常方便。

采访者：除了老师的宿舍环境而外，从您工作到现在，学生的宿舍有哪些具体的变化呢？

谈宁海老师：学生宿舍的变化，我觉得挺大的。首先，主要体现在规模数量上；其次，他们日常生活中用水用电越来越方便了；第三，学生晚上上厕所、洗漱都非常方便，女生寝室每间都有专门的厕所，男生寝室每间旁边都设有专门的厕所。除此之外，在宿舍里边，也有专门的地方供他们晾晒衣物以及放置他们的个人物品或洗漱用品。

采访者：宿舍的变化还是挺大的，而且整体都是向好的方向发展。那么，除了宿舍，学校和教室还有什么变化吗？

陈志勇老师：现在学校各方面都发生了变化。校舍有新增，以前我来的时候，就只有最西边的那栋教学楼，叫德美楼，紧接着几年以后就有了育英楼和明正楼。

谈宁海老师：学校教室被全部重新粉刷过，所有的门窗都已经重新更换了，整个教室看起来更加的宽敞和明亮，教室里面的刻钟以及黑板也是重新更换的。我的感受是，现在相比以前的话，学生和老师使用起来都更加方便。

教学改革与新理念

采访者：从你刚开始在这里工作到现在，学校教学方面有没有什么巨大的变化？

陈志勇老师：教学内容在三五年之间是有变化的。以前最注重的是应试教育，现在也没忽视，但是有了倾向性改变，开始注重以学生为本，在让学生的一些核心素养得到锻炼的基础上去发展他们的个性，适当增加一些类似阳光体育课后服务中的各种兴趣小组，以弥补、丰富和拓展他们的学习内容。教学方式也发生了变化，以前我们一支粉笔、一张嘴就上课了，现在则更提倡多媒体教学。传统的教学方式主要是通过教师的言传身教让学生学到知识，而现在追求的是目标教学。当前，在教学关系中更强调从以老师为主导转变为以学生为主体，将知识与技能、过程与方法、情感态度与价值观三维目标有机融合，形成了新的课改理念和教学方法。所以说，教学目标和教学理念都在不断变化，现在更加注重学生的学习能动性，教师的主要任务是有效促成学生主动自主学习，而不是被动强迫式学习。这种观念正在教师群体中逐步形成并得到推广。

谈宁海老师：透过我这些年的从业经历，我觉得在受教育的过程中，学生的成绩、他们的个人行为以及个人生活习惯其实都有巨大的变化。总体来讲，我刚开始教书的时候，学生的成绩比现在要好得多。现在，由于优生与差生的差异越来越大，再加上招生过程中优生的流失，导致我们现在所教的这些学生成绩要相对差一些。以前很多学生，他们的生活习惯其实也算说得过去，但在某些方面还存在很大的问题，所以对他们，不仅是要传授文化知识，更多的时间和精力要用来改变他们不良的生活习惯和生活理念。所以学校的教学内容，以前主要是以教授文化知识为主，但现在不仅要教授文化知识，还要包含更广泛的社会公共知识、生活常识，比方说，森林草原防火、控辍保学、防溺水、交通安全法规等等。这些教学内容的确能够帮助学生快速融入和适应社会，提高生活质量水平。当然，学习这些知识技能，不可避免地会挤占文化课时间，需要学校进行统筹安排。

璀璨瑰宝与文教

采访者：我们这个地方民族特色是比较浓厚的，那学校教育会不会有一些当地的民族特色呢？

陈志勇老师：有的。比如舞蹈，就像甲搓舞这些，平时课间操我们也在教他们。甲搓舞，“甲”是美好之意，“搓”是跳，意思是在美好时辰跳的舞蹈。这种舞蹈在泸沽湖畔的摩梭人中广为流传，是国家级非物质文化遗产。做这些，都是对民族文化的一种传承。在学校民族文化教育整体规划上，我们主要采取一些针对性方案，比如说，如果我这节上的是民族音乐，那课程里就会设置相关的内容。

谈宁海老师：摩梭人的民族文化在家庭教育里面的体现，我觉得还是比较多的，在我们学校的教育里面也有很多的体现，比方说学校推行的课间操，就与摩梭的民族文化有关。我们准备的很多课程项目，也都包含了摩梭传统文化的一些内容。

采访者：这里的学生对我们当地特有文化的了解程度是怎样的呢？

陈志勇老师：学生们甚至有的老师对当地文化的了解其实并不系统，每个人可能都是片面的，甚至有些是错误的。正因为这样，我一直都在研究摩梭文化。我们当地也做了一个“让摩梭文化进校园”的项目工程，我用了差不多五六年时间写了两本书，一本是讲怎样让摩梭文化走进校园，把摩梭的文化渊源、建筑、服饰等等整体性发展完整呈现给学生，让他们形成文化自信。不仅仅是文化，还有我们的传统，也要取其精华、去其糟粕。好的东西我们应该怎么样去吸收融入我们自己的灵魂，让大家都有自己的真知灼见。这样的内容，我也写了一本书，放在学校图书馆里面，有同学自然而然地愿意去看、愿意去翻。民族特色的话，我觉得有一个适量适度原则，比如说我写的书也只是作为一个乡土教材。国家提倡的前提下，我们该做的一定要发展。

采访者：学校会开展哪些少数民族节日活动呢？

陈志勇老师：我们会在每年举办的“六一”儿童节和元旦节活动中通过音乐、舞蹈的形式融入一些民族元素，其中还包括服饰、服装等等，摩梭文化与传统就在这些地方体现出来，而孩子们则在潜移默化中感受了民族文化的特色。

谈宁海老师：说到民族特色，本校学生的校服就是典型案例。这些校服参考了当地的摩梭服饰，其中包含摩梭人的文化元素，我感觉特别有当地民族文化特色。学校大部分的初中生只有在节日的时候才会穿上自己的民族服装，但同学们平时和自己本民族的人交流都使用摩梭语，只有和其他的民族交流时，才使用普通话。

采访者：您感受到摩梭文化受冲击最严重的是在哪方面呢？

陈志勇老师：改革开放以来，经济发展了，公路修通了，信息网络发达起来，当与外界的交流频繁以后，本地人落后传统的思想观念和大众思想激烈碰撞，因而受到较大的冲击。

谈宁海老师：摩梭人过去生活在以家庭为单位的母权制社会里，但现在这种母系民族制度已经名存实亡了，只是源于传统文化的影响，女性在摩梭人的家庭中地位依旧比较高，但在后代性别选择和接受教育上，追求男女平等。

采访者：接触摩梭文化过程中你感触最深的是什么？

谈宁海老师：我感触最深的一点就是摩梭人思维观念的转变。泸沽湖是属于我们国家的4A级风景区，受外来游客的影响，特别是生活在泸沽湖周围的摩梭人受外来思想的影响较大，导致当地民族文化的很多方面都在发生改变，一些古老传统习俗渐渐消亡，当地人逐渐接受了外来新鲜事物，他们的思想观念相比以前更加的开放。

采访者：同处凉山本地，位于泸沽湖的摩梭文化与彝族文化有什么区别？

谈宁海老师：当地的摩梭人（蒙古族）和彝族实际上是混居的，两者在民族传统和文化节日上相互影响，也就是说摩梭人的很多习俗当地彝族人也有，彝族很多的传统也会融入摩梭文化中。这在他们的日常生活中实际上体现得非常明显。

陈志勇老师：实际上，彝族和摩梭人的民族文化体现着逐渐融合的趋势，两者相互吸收、相互交流，只是在他们各自特殊的民族特色上体现出一定的区别。但是，在其他日常生活上他们是融合在一起的，是相互联系的，所以当地摩梭人和彝族人的日常生活区别并不明显，只是在与他们交流的时候，从他们的语言和服饰上能感受到差异。

摩梭学生穿着民族服装跳舞

学生质量与未来发展

采访者：您觉得我们这里的学生质量怎么样？学生从这里毕业后主要从事什么方向的职业？

谈宁海老师：我觉得相对于城市里边的学生，我们学生的质量远远比不上。因为无论学习成绩、动手能力、综合素质，我们这些山区里面的学生都不如外面的。我们这里的学生离开之后，其中一部分去学习技术，以后从事技术工作，另外一部分进了工厂，在工厂里面打工。

陈志勇老师：学生的发展，根据我们当地的情况来看，山区的孩子还是比较淳朴，也有成果，学生也都挺努力的。关键是城乡之间有差距，教学环境、人文环境、社会环境不一样，所以说肯定还是有差距，但他们的努力、坚持和执着是值得肯定的。

采访者：您认为学生最重要的是什么？

谈宁海老师：现在提倡德智体美劳全面发展，德要放在第一位，这个真不是虚的东西。德智体美劳标准也更加接近普通人。我觉得不是所有人都会成为圣人，但是你学了这个理念，你的心中有正气，哲学的思维方式会指导你这个人走好自己一生的路，不管你碰到什么人，用你自己的理念、学识甚至可以影响他。你自己向着好的方向去发展，那好的东西，我们说同性相吸，就会被你吸引过来。掌握新的知识，扩大你的知识储备量，通过互联网海量地学习，就像树根一样吸取好的营养，才能茁壮地成长。总的来说，一个人能否成才取决于内外因共同作用，但内因是关键，是非常重要的前提。有句话说得好："是金子埋在哪也会发光。"但你是不是金子，就要看你自己注入的是什么。成功得益于他人帮助，更取决于自身是否努力，基于强大内因的作用，小树也终将变栋梁之材。

"志不立，天下无可成之事。"真正的立志是学生在心中种下坚定的种子，这颗种子未来要怎么发展，我们老师要在平常教学中去诱导和影响他们，潜移默化，通过自己的言行，甚至是每天一个小目标，激发学生的理想，让它在心中不断得到浇灌，然后为之付出辛勤的劳动。如此，学生们美好的未来就可以预期。当然，我们也要见贤思齐，除了自己练好内功，还要积极借鉴其他先进经验成果，该学的学。平时我也喜欢看书，书上的这些教学法，拿来能用就用，能改则改，比如说，我在我们班上使用了星级评比、激励法等等。总之，我用自己力所能及的方法教授他们，激励他们为了心中的理想、追求，朝着一个好的目标去发展。

环境不太好，家庭条件差，我觉得这些都不是致命难题。当你根深蒂固地把理想树立好，好习惯养成了，就会发展得好。比如小学生，从小就要有好习惯、坚定的理想，像周恩来同志，他很小的时候就立下"为中华之崛起而读书"志向，这个念头一直埋在心里面，促使他向着好的方向发展。当然，人没有了这个精气神，没有正能量的东西，哪怕你环境再好，成为败家子，都是可能的。我在平时还是注重对学生好的行为习惯进行正能量教育。

采访者：在从业过程中，你们有没有遇到什么困难？

陈志勇老师：困难肯定是有的。第一个是"指挥棒"问题，有时候教学的压力确实大，但没有压力的话也没有了动力。比如说提倡素质教育，那么就应该有一个具体完善的落地实施方案，让我们彻底转变观念并落实行动到位，总之管理层的指挥大棒要跟执行层的具体操作进行配套。现在正处于教改切入的一个节点上，以后国家通过什么方式慢慢过渡，让教育回归本质，让老师完成好自身该做的工作，我觉得还是需要一定的过程，需要一段时间来过渡。

访谈后记

一、赤子之心

作为年轻教师的榜样，谈宁海老师有一颗赤子之心。谈老师的教学经历非常丰富。大学毕业，他和多数大学生一样，踏上了自己的求职之路，并通过特岗招聘考到了泸沽湖镇当老师。他对自己的职业生涯充满期待，但真正上岗执鞭以后，才知道在山区当老师没有那么容易，要克服路途遥远、条件艰苦、语言交流障碍等困难。到了学校他从一个新老师做起，一步一步成长为班主任，从对学生不忍严厉到后来成为最严厉的师长，他所经受的磨炼一般人没法想象。谈老师说，山区里的孩子给他的感觉就是纯朴，给他们上课，甚至可以从他们的眼神中感受到对知识的渴望和对未来的憧憬。在他的执教经历中，他遇到过很多学习努力刻苦的学生。他说，他们身上有那股不服输、敢拼敢闯的劲，能教到这样的学生他感觉非常的愉快，就觉得再怎么辛苦都是值得的。

第一次采访谈老师的时候，我也有幸采访了谈老师的妻子江铭燕老师。他们两个都是泸沽湖中学的老师，在讲述到教书过程中的困难时，江老师说，最让她头疼的就是带小孩，因为泸沽湖中学距离他们家比较远，家里的长辈又没有办法帮忙，他们只能一边教书一边自己带孩子，但有时会遇到两人都有课的情况，这个时候就只能调课。调课通常也有很多困难，一要照顾学生的学习进度，再要看愿意调课的老师是否方便。尽管遇到诸多问题，但夫妻俩觉得方法总比困难多，咬咬牙就过了，别的老师是这样坚持过来的，他们也是。

谈老师不仅是我的亲戚，也是我的学长，通过了解他的职业经历，我更能体会到我们对时代的共鸣。谈老师作为新一代年轻教师，从业至今，见证了山区学校住宿的变化、教室的变化、教学的变化、观念的变化……这些变化，反映了一个强盛时代文教事业的发展变迁，更体现出国家对基础教育的重视与投入。

二、纯粹之心

陈志勇老师是一个纯粹的人，拥有一颗纯粹的心。在课堂上，学生们听着老师绘声绘色地描述外面世界的精彩，而从他们清澈纯朴的眼神里流露出来的是对外面世界的向往。这正是陈老师一直坚持做好山区教育工作的原因，他渴望给予学生走出山区看世界的机会，鼓励学生凭着这股劲努力学习去实现自己的梦想。这么多年来，陈老师始终保持着对音乐的热爱，他组建过乐队，并从乡村舞台一路走到了《星光大道》的比赛现场。在学生的兴趣课程中，他教他们学习音律，鼓励对音乐感兴趣的学生组建自己的乐队，去体验探索音乐世界的美妙和奥秘。陈老师是摩梭人。在四川摩梭人是蒙古族，在云南摩梭人是纳西族，他们有着自己的文化——摩梭文化，这是一个美丽而神秘的文化。如今，摩梭文化传承正面临着诸多挑战，正如陈老师所说，缺乏系统的文化传承，他著书的本意也是为了推进这项工作，他希望大家学习到的是正确的、系统的摩梭文化。

初识陈老师，更像是一场意外邂逅。当时正值暑假，我和朋友一起到泸沽湖小学参观，学校放假了且正在施工，当我们正准备入校时，被门口一个叔叔叫住了。他的外表看起来有着高原人的特征，黝黑的容貌像极了康巴汉子，穿着一件旧的警服大衣，我和朋友误以为是学校保安，后来才知道他是老师，而且是当地出名的老师。那一刻我觉得他和我传统印象中的老师有点不一样，因此对这位衣着朴素的老师内心充满了疑问。然而在采访的过程中我觉得更像是聊天，他总是望向窗外或是注视着木桌，像是在回忆他的教书历程。他回忆着这么多年自己的努力，努力教好每一堂课，努力替家长照顾好每一个“子女”，努力培养学生的兴趣爱好，努力传承着自己的文化，努力为社会做出自己的贡献……

采访结束后，我心里的疑问早已消失，我终于明白了他为什么选择这个职业，明白了暑假的他为何还在学校，明白了一个老师这么多年坚持的意义，明白了他骨子里的情怀。他是一个了不起的老师，我想他的学生也是这样想的。

陈老师是一个喜欢阅读的老师，一有空余时间他就开始阅读，阅读的书籍也是各种各样的，拿到什么读什么，遇到自己感兴趣的，他就会多花一点时间仔细地阅读。位于校门口的屋子里，最引人注目的莫过于木桌上的一摞摞的书籍，有教育的、音乐的、书法的、文化的……他说，要不断学习，书上有的可以用在教学上的，他就能用的用、能改的改，针对学生的特殊情况不断改革创新自己的教学方法，不断寻找适合学生的教学路径。除了读书，陈老师也会写书，他曾和我说过，“著书都为稻粱谋”。陈老师曾花几年的时间写了两本关于摩梭文化的著作，我采访他的时候，他正在写他的第三本著作《石说摩梭》。初稿完成后，我仔细地阅读了这本书，看完不禁感叹一个字：“绝！”我看过很多有关摩梭文化的书，从阅读感受来说，不同作者写的类似的书，或多或少都会有一些不一样的收获。读《石说摩梭》的时候进度非常慢，毫不夸张地说，有些时候阅读到某些东西，我还甚至要去网上查阅一下。想要充分了解并探索一个民族的独特文化并不容易，这是一个曲折而漫长的过程，在这个过程中也许会遇到各种各样的困难，但是只要保持住好奇心与求知欲，不断朝前看，我想总会寻找到光明的未来，总会在这条探索的路上找到想要的答案，或许从一本好书开始是一个不错的选择，因为它让我们在混沌期茅塞顿开，《石说摩梭》于我就是如此。

陈志勇老师不仅是他学生的指明灯，在教师之路上他更是我的指明灯。

作者简介：谈鲜，女，四川师范大学马克思主义学院思想政治教育专业2021级本科生。

去有光的地方

曲红霞

叙述者：曲红霞

叙述时间：2023 年 5 月

人物备注：

曲红霞，四川省乐山市犍为县人，大学就读于四川师范大学思想政治教育专业，2017 年参与“善行 100”志愿活动，2019 年夏季参与“青春逐我”支教队前往巴中市通江县铁佛镇中心小学支教，2020 年赴凉山彝族自治州参与四川师范大学秋季顶岗支教，2021 年毕业后就职于犍为县罗城初级中学。

曲红霞老师

有一种生活，没有经历过，就不知道其中的艰辛；有一种艰辛，没有体会过，就不知道其中的快乐；有一种快乐，没有拥有过，就不知道其中的纯粹。这是我对教师这个职业的切身体会。

我是一个来自农村的孩子，从小在农村读书，那时没有沥青路，公路上是少有的摩托车和货车轮子压出的两条“人行道”，中间和两边是自由生长的杂草，雨天就是天然的“水泥路”，穿着筒靴也不能避免弄脏衣服裤子，身上总是沾有泥浆。冬天时天亮晚，我早晨六点多就和周围的伙伴们打着电筒结伴上学了，走一个多小时才到乡镇学校。读书条件比较艰苦，去过最远的地方就是所在的乡镇，我经常和身边的小伙伴在上下学路上想象县城是怎样的，北京、上海以及其他更远的地方是怎样的。有位老师时常会给我们分享她到县城、市上的一些见闻和趣事，我们很喜欢听，我特别崇拜她，认为她有见识，给我们带来了书本以外的很多东西，同时她身上那种教师的气质深深吸引着我，在我内心深处十分渴望成为一个像她那样的人，想要当教师的想法在心中萌芽，并且不知多少次在作文中写上“我的梦想是当一名教师”，要帮助乡村的孩子看到外面的世界，去到有光的地方。

刚进入大学，一个叫“善行 100”的志愿活动吸引了我，看到偏远山区孩子们艰苦的上学环境，迫切地想出份力，我拉上几个室友来到成都的街头募捐，发动善心人各尽所能，传递爱心，汇聚力量，给山区的孩子们送去爱心包裹，希望他们能得到更多的教育，走出大山。一些学长学姐参与了支教，他们在其间体会深刻，收获满满，从那时起我心中就渴望有机会能到偏远山区支教，更深入地了解那些孩子们，并尽己所能给予他们一些帮助。

大二暑假，终于如愿和学院的几个同学组成了“青春逐我”支教队，前往四川省巴中市通江县铁佛镇中心小学支教。在那里短短半个月，我经历了人生中的很多第一次，第一次支教，第一次正式站上讲台，第一次当班主任，第一次和几十个孩子接触，第一次开家长会。对我来说，这次支教收获颇多，那个小镇虽说偏远，但并不算穷，很多孩子读书不够用功，不知道为什么读书，只是在做同龄人都在做的事情，没有理想目标。有些孩子在唱歌、画画方面很有天赋，但没有发掘出来，只会学习书本知识。我想给他们带来点什么，但奈何时间太短，只能用心对待每个孩子，帮助他们找到自己的闪光点，改正缺点，树立信心。我尽量用小孩子的思维和他们相处，努力融入他们，感受他们的童真，希望能激发他们学习的兴趣，始终对外面的世界充满好奇。半个月的时间我过得非常快乐，看着孩子们天真无邪的笑容，听着他们欢快的笑声，和他们一起交流，感觉自己就是他们的朋友、伙伴，自己也变得无忧无虑，想将自己的青春和他们的童真融合。活动结束时，我们收获了意想不到的惊喜和感动，支教老师受到家长们的一致好评和认可，还收到了孩子们的小礼物、小纸条，以及他们的祝福、悄悄话。离开时，孩子们抱着我们，舍不得我们走，我感受到作为老师满满的幸福感，更加坚定了要当一名人民教师的信念。

大四时得知学校（四川师范大学）要组织学生赴凉山彝族自治州开展秋季顶岗支教，在脱贫攻坚的收官之年进行教育扶贫，我们班学生全体参加，我非常激动。凉山给人的感觉总带着陌生和遥远，还有一丝朦胧的神秘感，令我十分好奇，我期待深入凉山真正了解彝族同胞，感受彝族的民族文化，体会乡村教育。

2020 年 9 月 15 日，川师的校车载着我们沿着弯弯曲曲的公路驶进大山，途中很多盘山公路、悬崖峭壁，经常会有滑坡或者落石的风险，大巴车摇摇晃晃地行进，车上的我们心惊胆战，但金黄的稻田、碧绿的湖泊、蓝天白云、绵延不断的山岭、陡峭的石壁……美丽的风景在我心里漾起一股激动和新奇之感，让 10 个小时的车程满是趣味和期待。

到凉山州普格县，我被分配到县城初中，然而学校并没有在县城，而是在县城旁边的山上。我在那里待了整整四个月，完成了一学期的教学任务。我们在普格中学的三十多位支教老师担任起了初一年级五到十二班的所有教学以及管理任务。由于教师缺口太大，我们没到之前，这八个班的学生根本无法开课，每年的教学任务还需一批又一批的支教老师帮助完成。之前我们知道凉山那边缺教师，但是不知道居然缺到了这个程度，让我深切体会到部分乡村仍然存在很严重的年轻人“不愿去、留不住”的现象。

针对当地而言，乡村教育的一些现状，对年轻人没有吸引力。首先，乡村教育的硬件设施跟不上。虽说国家进行了大力扶持，但相比于城市，设施设备还有差距，比如乡村缺乏实验室、先进的教学设备，学校、操场等较为破旧。我们支教学校所在校区，操场很小，无法满足八个班学生一起做课间操，并且没有喇叭可以播放音乐，以至于在那里的四个月里孩子们没有一起做过课间操。学校宿舍不够，所有初一的孩子无法住校，全部走读。其次，乡村各方面条件落后于城市，住宿、水电等提供都存在难度，后去的教师学校无法提供住宿，需要自己到县城租房。乡村距离城市较远，这给教师的生活和工作带来了挑战。另外，乡村的孩子存在一些问题，对于年轻教师来说教起来难度很大。这是目前教师不愿去、留不住的主要原因，也更需要有勇气的年轻人加入乡村教育，为乡村教育出一份力。

我作为班主任兼道德与法治老师，在支教的四个月时间里也发现了当地学生的一些突出问题。

其一，学生卫生习惯、行为习惯较差。刚开学的一段时间，楼梯、教室、校园随处可见白色垃圾、口痰，垃圾桶旁边永远有丢不进的垃圾，餐桶周围总是洒着饭粒和油汤，从学校到县城的石梯，丢着数不尽的零食袋子。下课后操场上、楼梯间随处可见学生们席地而坐。由于当地较缺水，孩子们做不到勤洗澡、勤换衣服，身上时常会发出一股难闻的味道。对于行为习惯而言，不少学生“出口成脏”，上课时睡觉、开小差。另外，我的班上彝族学生占 90%以上，他们性格直率、冲动，同学间发生矛盾很多时候靠拳头解决问题。

其二，学生理想信念、道德素质缺失。凉山地区“控辍保学”工作难度较大，很多孩子到了初中阶段就开始辍学，我班开学时 46 人，我离开时只有 38 人了。有学生因盗窃进了少管所；有学生 18 岁了，悄悄跑到浙江打工；有学生因年龄到了，辍学回家结婚。本该是读书的最好年龄却提前进入了社会，看着令人痛心，我对这些孩子进行多次劝导，和父母多次联系，仍然无法改变。我觉得这归根结底是因为他们理想信念缺失，认为人一辈子就是打工、结婚生子，一眼看到头，不知道大山外还有多彩的世界。无能为力的我只有思考如何让我班上剩下的学生踏踏实实地留在教室读书，以后可以走出大山，看看外面精彩的世界，去到闪闪发光的地方。

其三，学生之间、师生之间、亲子之间关系紧张。初中学生正是活泼顽皮的时候，加上彝族学生性格直率、冲动，学生之间经常大打出手。另外学生和老师、家长关系也比较紧张，一些学生很叛逆，不体谅父母、老师，对老师、家长很排斥。例如，我班有一名学生和家长发生争执，居然打了父亲后离家出走，让人不可思议；还有一名学生手机被没收后，怕爷爷打他而不敢回家。当地很多家长坚持“棍棒下面出好人”的教育理念，孩子犯错后经常打骂，使得亲子关系较为紧张。

针对这些现状，我花了很多工夫去解决。为了他们能养成良好的卫生习惯、行为习惯，我坚持做监督者、唠叨者，监督他们不乱扔垃圾，并制定班规，互相监督，课前先将自己方位的垃圾捡干净；督促他们饭前便后洗手，回家勤洗澡换衣；监督他们不说脏话，多说“谢谢、对不起”。一学期下来，他们的卫生习惯、行为习惯有了很大改变。针对他们理想信念缺失，我给学生们开过小座谈会，分享了我们大学的视频以及我大学的一些经历，介绍了大学以及城市的生活，鼓励他们到大山外面看看；让他们谈自己的想法，并给予鼓励，帮助其树立信心。针对他们不好好读书，师生关系、亲子关系紧张，学生不懂感恩，特别是背后骂我们支教老师，给我们取不好的绰号，我给他们上了一堂“思政课”，讲完后大家认为不学无术的“四大女天王”之一的女生起立给我道歉，我当时很惊讶，接着学生们自发起立给我鞠躬道歉，“曲老师，我们错了，我们要好好读书了”。一声声整齐的道歉和承诺，让我忍不住流下了泪水，喊他们自习，我走出教室靠着墙，耳边仍然传来整齐的道歉声，我的眼泪止不住地流，班上很多学生也哭了。听着他们的道歉和承诺，我很感动，同时也觉得自己不容易，付出没有白费，教育收到了成效。希望他们可以变得懂事，做一个懂道理、会感恩的人。

给女生们开展座谈会

凉山的孩子们读书条件、环境确实艰苦，我和几个支教老师做过调研，也进行过家访。很多孩子家离学校很远，早上天不亮就出门了，下午放学回家还要帮助家长们干活、做家务。他们很多都是留守儿童，父母到很远的地方打工，一方面是当地挣钱不容易，另一方面是为了给孩子挣以后高昂的彩礼，留下孩子跟着爷爷奶奶。我们去家访，一个学生家里爷爷奶奶照顾12个孙子孙女，最大的读高中，最小的才一两岁，大家挤在一间不大的房子里，回家做作业都存在难度。很多家长不是文盲就是半文盲，对孩子的教育给不了多大的帮助。对于这些孩子来说，要取得好成绩需要比城市的孩子花更多的功夫，许多孩子学得很刻苦很认真，每次工工整整的作业、花花绿绿的笔记都是他们勤奋的见证。

还记得普格县教育局里贴着这样一句标语："教育是最大的民生，教育扶贫是最好的扶贫。"在中国，民生问题不外乎衣、食、住、行、教育、医疗等几大方面，而其中，教育是极其关键的民生问题，只有教育问题得到解决了，其他几方面的民生问题才能够得到根本解决。正如"扶贫先扶智"，教育问题的重要性还体现在它与脱贫攻坚问题息息相关，只有一个地方的教育摆脱了贫困，那么这个地方才算从根本上摆脱贫困，所以无论环境多么恶劣，都不会动摇我们在这继续从教的决心。更何况，那群孩子还在教室乖乖等着有老师能来教他们，让他们可以在知识的海洋里遨游。他们从没有抱怨过上学的路有多难走，回家的路有多艰辛，照样天天来到学校里，风雨无阻、雷打不动。这段经历让我更加坚定信念要当一名乡村教师，到需要我的地方绽放光彩。

讲到乡村，不少人认为它们偏远、落后，生活有着种种不便，不愿意去。而我却认为乡村里无论风或物，都让人感到心旷神怡，这里没有大城市的喧哗和浮华，却有着独特的宁静和甜美，我喜欢这种舒适宁静的生活，我愿意回到我的家乡为乡村教育出一份力。

我是公费师范生，毕业后如愿回到我家乡的一个小镇（罗城镇）当上了乡村教师。罗城镇距离县城二十多公里，人口较多，居住着汉、回、彝、满、藏、黎、苗七个民族。我在这里担任初中道德与法治教师已将近两年了，期间看到了现在乡村教育面临的困境。一是师资力量较为薄弱，教师素质偏低，一些教师没有经过正规师范教育，学历不合格，观念落后，教法陈旧，只注重学生成绩，对学生的关爱较少；另外乡村教师队伍整体年龄偏大，45岁以上教师所占比例较大，青年教师较少，我们学校近几年将退休十几位教师，而要招聘新教师报名者却很少，一方面很多年轻人不愿来，另一方面教师缺编严重，使得后生力量不足，整体干劲偏弱。二是学科结构失衡，教师岗位缺编。很多乡村学校都存在一个教师兼任几个学科教学任务的现象，还有些教师所教学科与专业不匹配，比如我们学校就出现了美术老师教历史、音乐老师教道德与法治、地理老师教生物，这样使得教学质量难以保证，只是教死书，学习少了趣味性。三是乡村留守子女问题严重。我担任一年班主任才了解到班上很多学生都是留守孩子，由隔代亲人或者亲戚代为教育管理，孩子们缺乏家庭教育，缺少关爱，导致有些学生心理脆弱，性格偏执任性，并且临时的监护人普遍文化素质偏低，认为孩子送到学校便是老师的责任，与家长无关，使得很多留守孩子成绩普遍较差，总体居于中等偏下水平。四是乡村学校生源流失严重。一些家长认为乡村学校质量较差，孩子在乡村学校上学难有好的成绩，条件较好的家庭会把孩子转到城里就读，使得乡村学校生源较差，教育难度加大。

对于上面的一些现状，很多我无能为力，但作为一名乡村教师，我想尽自己最大努力去做些什么，哪怕是有一点点改变或影响都足够了。首先，必须丰富自己，多读书，多向经验丰富的老师、专家学习，提升自身各方面素质，认真对待教学工作，诚心对待同事，真心对待每个孩子，用自己的认真、负责、专注、真诚影响周围同事、学生。其次，时常思考教育能为他们带去什么，改变什么？我认为应该带去快乐，改变志向。我想首先是要帮助他们立志，很多家长、学生都存在一个误区，认为乡镇的学生一定考不上好大学，从内心就看低了自己，所以需要帮助他们树立理想信念，努力就能走到更远的地方。其次，需要给他们带去新知识，改变其思维。要帮助学生开阔眼界，将国家大事，一些新想法、知识传递给学生，让孩子们向往精彩的世界。要培养乡村孩子养成“抬头看路，低头读书；放眼世界，着眼当下”的习惯。最后，还需要自己一颗赤诚的心，以强烈的使命感、责任感对待乡村教育工作，做到入乡随俗，尽快融入乡村，突破乡村工作、生活、精神状态上的限制，接受和适应乡村的各种情况，保持积极向上、充满热情，有想法、有创新、有干劲，全心全意致力于乡村教育。同时，作为乡村振兴的后备人才，特别是乡村教育振兴的重要推动者，我要将爱心、耐心、细心、责任心用在工作生活的方方面面，努力成为乡村教育改革的奋进者、教育扶贫的先行者、学生成长的引导者。

扎根乡村教育，我愿做浇水的园丁，精心培育祖国的花朵，让其结出丰硕的果实，闪闪发光。

作者简介：曲红霞，女，四川师范大学思想政治教育专业 2017 级本科生，现就职于犍为县罗城初级中学。

初心不忘，薪火相传

——长大后我就成了你

郭　艳

叙述者：郭艳

叙述时间：2023 年 5 月

人物备注：

郭艳，四川省宜宾市南溪区人，毕业于四川师范大学马克思主义学院思想政治教育专业，2019 年 7—8 月带队在宜宾市喜捷镇参加共青团中央“情暖童心”暑期托管志愿服务，2020 年 9 月—2021 年 1 月赴凉山彝族自治州普格县中学参加四川师范大学秋季顶岗实习支教，2021 年 3—7 月在宜宾市高县来复中学校顶岗实习，2021 年大学毕业后就职于宜宾市叙州区横江中学校。

工作中的郭艳老师

转眼之间走上工作岗位已将近两年，回首过去的十余载求学之路，是对梦想始终不变的坚持，也是对于这个行业纯真的热爱。能将自己喜欢的事情变成自己的职业，无疑是幸运万分的，但是“幸运”二字不足以概括我的这些年，关于我的过往，请您细细听。

少年有梦，敢于行动

这是 2008 年的一天，一所名叫“黄泥桥小学”的村小里，一位四年级的小女孩儿将憧憬的目光投向了讲台。一名新来的神采飞扬的年轻男老师正讲着三角形相关知识，台下的孩子时而困惑，时而恍悟，老师给予了不同的鼓励性评价。小女孩反应比较慢，被抽起来回答问题，却脸涨得绯红，半天说不出一句话来，老师过来摸摸女孩的脑袋，没有任何批评的话语，而是请女孩坐下，要她下课后去办公室一趟。办公室里，女孩儿忐忑不安，因为在大家看来去办公室都是非常不好的一件事情，多半要接受批评的，她以为是自己上课表现不好，所以老师要单独提出批评。她焦急不安，低着头站得规规矩矩，捏着衣角，这时候老师笑眯眯地从外面进来，请女孩儿坐下，女孩儿顿时哭出声来，她连忙跟老师说，老师，我反应不过来，可是我真的不会做那道题，请你别骂我，好吗？老师非常惊讶，为什么这个女孩子在自己还没有说什么的时候，就会下意识地认为自己一定会挨批？于是老师跟女孩子交流了很多，了解到女孩子常年留守，父母一直在外面打工，下面还有两个年纪相仿的弟弟，家里面还有爷爷奶奶，爷爷患有重病。了解到这一切之后，老师对女孩子说，每天下午放学之后来我办公室，花 20 分钟的时间我单独给你讲一讲题。想象之中的批评并没有到来，却换成了老师给自己特殊的照顾，女孩儿受宠若惊，哭得更厉害了，而这次哭却是因为突如其来的惊喜。在她那颗小小的心里面，学校的主任、看门的叔叔、食堂的阿姨、小卖部的姐姐，他们对自己都是如此照顾，自己不做点什么好像不对。于是她在课余时间没有像其他孩子一样到处去玩，或爬树，或去摘花坛里面的花，而是选择去食堂那边儿帮阿姨的忙，或帮小卖部姐姐扫一扫地，帮开门的叔叔推一下铁门。这一切在学校的老师看来非常的意外，也非常的惊喜，虽然都是农村的孩子，都在贪玩的年纪，可这个女孩子却不太一样。于是老师们对这个女孩子更加照顾，这个照顾并不体现在物质上，而是各方面的引导，比如关于未来的规划、关于理想的教育。在那个年代，大家都非常淳朴，老师们的善意在这个女孩子的心中播下了一颗梦想的种子——我长大以后也要成为像老师们一样的人。

教育智慧，事半功倍

2010 年 9 月，经过自己的努力和家长的支持，女孩进入了南溪一中外国语实验学校就读。对于城市生活一无所知，打扮土里土气，生活费很少，这样的她，初中生活开端并不美好。但何其有幸，她遇到了她的班主任——“强哥”。这是一位年轻的老师，个子不高，长相颇为帅气，原是地理专业，却为了能把女孩所在班带毕业，也担起了历史学科的教学任务。另外，他还是书法行家、篆刻能手。但最重要的是，强哥对学生的关注细致入微，他的教育方法和其他班的班主任并不相同，与学生相处真正做到了严慈相济，课上是师生，课下是朋友。通过军训半个月的观察，强哥发现了女孩的异常之处——过于沉默且在班上被边缘化。遇到这种情况，其他班主任的做法通常是与学生谈心，再辅之以持续关注，而强哥却在军训结束后的班会上直接指定女孩为班长。听到这一决定，愣住的不只是女孩，而全班震惊之余都在思考一个问题，她，胆小懦弱，何德何能？女孩自己也这样认为，于是下课后她主动去问了强哥，强哥没有多说什么，只是把班长职责和具体要做的事跟女孩交代清楚。从那之后，大家发现强哥变“懒”了，不怎么出现在教室周围了，而班长也变了，变得凶巴巴，变得敢大声说话，变得从容不迫，女孩似懂非懂，自己的改变当然能感觉到，可是具体缘由又无法说明，强哥在这时召开了题为“尊重他人，自信铸就精彩人生”的班会，讲明一切缘由，对女孩的工作进行了肯定。这次班会在女孩心中留下了难以磨灭的印迹，也使女孩更加坚定想要成为一名教师，一名像强哥一样拥有教育智慧的教师。

用爱包围，用心教育

2013 年 9 月，因为一分之差，女孩虽进入了当地最好的高中就读，却只能去第二梯队的班级，还好有父母支持，在缴纳了一定费用后她进入了最好的特尖班就读。这时女孩遇到了第三位为她筑梦的人——班主任曾老师，曾老师的孩子和女孩同班。高中班上的情况与初中不同，同学们的家庭背景差异较大，女孩从初中锻炼出来的本领与自信在这里根本不值一提，甚至情况还更加糟糕——她，遭受了校园欺凌，有的时候是写着作业突然被撞，作业本上留下道划痕；有的时候是去厕所的路上被几个女生恶意拦住羞辱；有的时候不知道什么原因被指指点点，传出令人浮想联翩的谣言……班主任知道吗？班主任不知道吗？毕竟这些城里人家世好，优越感十足，在老师面前乖巧又听话，女孩无计可施。高二开始，在好朋友的陪伴之下，女孩渐渐找回自信，也逐步走入班主任视线，出任了班级团支书。了解到高一时候的一些事情，班主任更加重视班上风气整顿，他会讲述一些励志故事和生活经验，教我们如何树立正确的人生观和价值观，告诉我们要勇敢面对困难，相信自己的能力，坚持努力不放弃，并用自身的言行践行着对学生的关怀和鼓励，让女孩感受到了无私的爱与支持。每次遇到学习上的问题，曾老师总是耐心地给予指导和帮助，为女孩提供额外的学习资料和辅导，帮助女孩克服学习上的困难。曾老师不仅关注每位学生的学习成绩，更注重培养班上同学的综合素质和人格修养，教导他们做人要正直、守信，富有责任感和团队合作精神。

除了学习上的帮助，曾老师还关心女孩的生活，询问女孩的家庭情况和生活状况，热心帮忙申请各类资助，给予女孩温暖的关怀。曾老师的关心和关爱再一次坚定了女孩要成为一名教师的决心，她希望有一天也能像曾老师一样，用爱心和耐心去教育和引导学生，让更多的孩子感受到教育的力量和温暖，成为他们人生道路上的坚强后盾。

学高为师，行为世范

2017 年 9 月，带着憧憬与喜悦，女孩走进了四川师范大学，成为思想政治教育专业第一批公费师范生中的一员。《思想政治教育学原理》《西方哲学史》《中国近现代史》……一门门专业课、突然降临的自我管理、成都的繁华、室友同学的磨合相处、完全不同于高中的教学模式，一切的一切让女孩眼花缭乱、晕晕乎乎。而大学是没有班主任的，只有一位辅导员充当班主任角色，可是要管理的同学人数那么多，自然是分身乏术，无法兼顾。在开学国庆节返校后，学院体贴地为大一学生们分组安排了导师，女孩的导师是范老师，范老师知性优雅，浑身散发着知识的魅力，女孩知道这就是自己要努力的方向！是自己未来的理想型！所以女孩表现得很积极，希望被范老师青睐，果然如愿以偿，她被范老师选中为小组长。在范老师的指导下，女孩和小伙伴一起，跟着组内师兄师姐一起参加各种活动，时政沙龙、讲坛、师范生技能大赛、团建活动……女孩对大学生活和人生努力方向有了更清晰的认识。从 2017 年到 2021 年是女孩自认为最充实、成长最快的几年，体验过发传单、当助教、做志愿者、支教、顶岗代课，作为一名公费师范生，通过各类社会实践活动，女孩对于自己未来的职业有了更多认识。在大学课堂，老师们神采飞扬、立场鲜明，思维的火花疯狂闪耀；在实习学校，老师们亲和力十足，对付任性孩子很有一套。两种极其不同的教学体验，带给女孩很多启发，对于教学有了更多思考。

大四上学期，女孩作为一名公费师范生，去凉山彝族自治州参加了顶岗实习支教。凉山彝族自治州位于中国四川省，是一个多山的地区，以其独特的自然风光和丰富的民族文化而闻名。这次实习让女孩深刻理解了城乡教育差异，也让她更加坚定了成为一名乡村教师的决心。实习的第一天，当女孩走进学校时，眼前的景象让她震撼不已，学校的教学条件十分简陋，教室破旧、桌椅破损，有些班级甚至没有足够的教室供学生上课。学生们衣着简朴，他们踏着崎岖的山路来到学校，渴望学习且充满热情。在实习的过程中，女孩目睹了凉山的教育困境，由于地理条件和家庭经济情况的限制，许多孩子没有机会接受良好的教育，他们面临着师资不足、教材匮乏、教育资源不均等问题。当都市里的学生利用假期、课余参加各种课外学习和研学活动时，大山

运动会上师生合影

之中的孩子们却九月中旬还只能在家玩耍无法上学，只因支教老师还没来，没办法开课……在大凉山的半年，女孩和当地同事一起，第一次家访，第一次正儿八经（正式）上课，第一次被听课，第一次被家长如此热情的对待……

经历了许许多多的第一次，女孩对于乡村教育有了更清晰的认知。尽管孩子们的学习环境艰苦，但他们对知识的渴望和对学习的努力令女孩深感敬佩。在凉山的支教实习中，女孩尽己所能地给予学生们关心和教育，和学生们建立了亲密的师生关系，聆听他们的困惑和问题，并尽力给予帮助和指导。她通过多种教学方法和活动，让他们更加积极参与学习，激发他们的学习兴趣。在与学生们的交流中，女孩深刻感受到了乡村教育的重要性和意义，这些孩子是国家未来的希望，他们应该享受到优质的教育资源和平等的机会。作为一名师范生，她深感责任重大，对于未来将要投身到乡村教育事业中，为这些孩子们带去更好的服务和关怀充满信心。凉山的顶岗实习支教经历让女孩更加坚定了要成为一名乡村教师的决心，她深知乡村教育面临的困难和挑战，但女孩始终相信只要有真心和热情，就能够给予这些孩子希望和改变。女孩决定要加倍努力提升自己的专业知识和教育技能，不断学习和探索适合乡村教育的方法和策略，全心为乡村教育事业贡献自己的力量，让每个孩子都能够享受到公平而优质的教育。

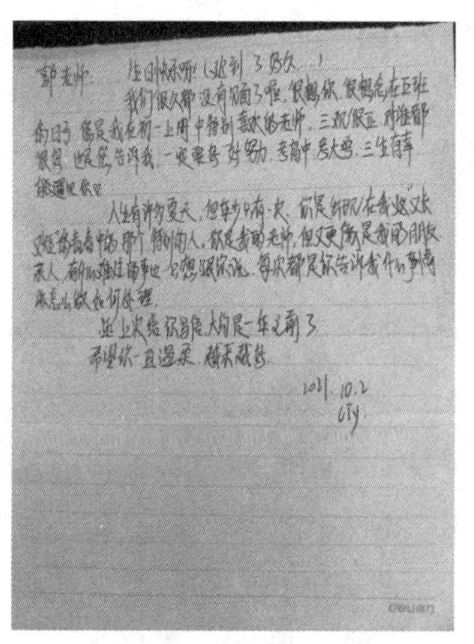

生日快乐呀!

我们很久都没有见面了

2021.10.2

学生写给作者信件

遗憾的是相聚总很短暂，与那群孩子的相处时间仅有半年，2021 年 1 月因为临近大学毕业，各类事务繁多，女孩不得不提前结束支教离开，再多不舍与难过也只能终止。然而在离开大凉山近一年后，女孩收到来自支教地学生们寄来的信，浓浓关心扑面而来，让人看了不禁泪流满面。

学生写的小信件让女孩大为触动，也让她更加严格地要求自己，始终牢记“学高为师，行为世范”，不仅要做好学生学习知识的讲授者，更要成为学生成长路上的引路人。

身边的榜样力量

一、来复代课之旅

有一束光，便献出一片光明；有一分热，就贡献一份温暖。尽己所能，哪怕对于乡村教育而言，仅仅只是做出一点微弱的改变。女孩这么想了，也这么做了。2021 年 3—7 月，女孩回到老家宜宾，在一所乡镇中学代课兼职，而其间的工作，给女孩带来的启发更是难以用言语表达。那是一所乡镇上的高完中，由于师资紧缺，多数老师被安排同时教授初中和高中，女孩也被安排任教初二和高一，充实而忙碌的四个月，女孩在乡镇中学见到了许多非常优秀的教师，其中有一位叫杨兰的老师尤其让她印象深刻。对于新来的女孩，杨老师尽己所能地帮助；对于班上的学生，杨老师因材施教，呵护备至。这样的班主任谁不爱？这样的语文老师谁不喜欢？这样对学生掏心掏肺的老师，家长如何不爱戴？同事相处融洽，师生关系和谐，家校沟通有效且相互理解，这样的教师生活谈何不快乐呢？所以杨老师总是成为众人羡慕的对象，大家有着共同的疑问，她怎么看上去总是这么快乐？但我们也许忽略了她百倍的付出，杨老师对待学生非常耐心，善于因人而异、因材施教。她对那些学习成绩好、积极上进的学生多加关注和赞赏，给予他们充分的机会和支持；对于那些学习成绩较差、比较懒散的学生，她会更加严格要求和恰当批评。新来的同事在办公室没存在感，杨老师主动搞活动增进认识；班上的孩子怠学、摆烂的现象越发严重，杨老师绞尽脑汁编排班级活动，有效改变班风学风；家长面对一些事情不理解，杨老师一通通电话挨个交流沟通；学生生活费不够了，杨老师自掏腰包主动支援；高三复习太累，夏天的第一杯奶茶、冬天的第一口烤红薯一定是杨老师给的。学生们戏称“快乐都是班主任给的”“是我们兰姐给的”，其他老师气笑了，但也确实佩服杨老师能把班主任工作完成得如此优秀！对于女孩而言，看到杨老师的快乐，也搞清楚了快乐来源于“真心换真心”，心贴心的师生关系女孩也想拥有，于是女孩有了新的目标——成为一位能和学生当朋友的老师，成为平易近人的老师。

二、梦圆横江

2021 年的五一劳动节，对于女孩而言，终生难忘。2021 年 5 月 7 日，在宜宾广播电视大学的三楼，女孩终于圆梦成真。看着周围的人一个个去面试，有的带着喜悦，有的面露沮丧，有的人甚至当场崩溃泪洒候考室，女孩内心不是滋味，也更紧张。过五关、斩六将，面试终于结束，回忆整个过程，也是充满心酸。从5月5日的反复准备、情绪崩溃，到5月7日焦急等待、紧张备课、自信说课，直到面试最终胜出，一块“石头”才落了地。在8月25日，女孩终于走上心仪许久的讲台，成为横江中学的一名老师，真正把梦想变为职业。

回顾在横江中学接近两年的教书育人生活，女孩不断经历，不断成长。学校里面有很多经验丰富的老教师，大家并没有因为横江地处偏远（滇川交界）而抱怨，相反在办公室、教室和校园，处处可以看到老师们的努力和学生们的奋进，而在其中最令女孩敬佩的是学校的蔡书记。蔡书记和女孩一样，也是思想政治教育专业毕业，也去支过教，但与女孩不同的是蔡书记有高中和小学双教师资格证，蔡书记任教高三年级，而女孩第一年任教初二年级，一个人带完一个年级并担任班主任和对应学科备课组长。

作为一名才入职的新教师，女孩按照安排多听课，尽管很久没接触高中教材，可是蔡书记的课却仍然可以让一些陌生的知识变得熟悉起来，引经据典，娓娓道来，时事政治，尽在其中，原来思政课还可以是这样的！在课余时间，女孩观察到蔡书记非常喜欢听课，尤其是新入职老师们的课，女孩知道其中一个原因是督促新老师们尽快站稳讲台，但另一方面原因令女孩大为震撼，蔡书记说是因为可以从新老师身上学到很多关于教学的新技能。新教师作为刚入职的大学毕业生，教学风格还未定型，可塑性很强，应该加以引导，所以女孩在入职第一年参加了许许多多的培训，例如学校内每个月的公开课、师徒结对汇报课赛课、片区的比赛或者视导学习、区里面的春苗培训、市里的思政课教师基本功技能大赛……各类培训让女孩得到了显著的提升，敢于去参加比赛，获不获奖倒是其次，重在锻炼这一过程中的各类能力。作为学校的新成员，得此观照内心无比感激。

身处工作一线，目睹乡村教育现状，女孩真的痛心一些孩子因为各种原因辍学或者不到校学习，作为一名中途接班初二的班主任，学籍上有的学生女孩甚至从未见过，想要伸以援手却感觉无计可施。通过上门家访以及送教上门等控辍保学措施，女孩了解到一些学生的具体情况：部分是因为残疾（身体残疾、肢体残疾、智力残疾）在校无法生活自理，家长在家看护；部分学生却是因为有手机瘾、想赚钱、不想读书等原因拒绝到校，就算学校、居委会多次到家劝返也毫无用处，哪怕勉强答应要来学校，也会在进校以后找各种理由逃离，或者制造事端以此来远离学校，作为新手班主任女孩觉得焦头烂额。这时候蔡书记分享了自己对学生管理的看法，让女孩学会做事留痕、自我保护，同时要对这部分学生进行随时清理，尽量多劝学生回来继续读书，但最重要的是确保学生人身安全。蔡书记的叮嘱在这两年来并不陌生，身处在这小镇，幸亏有这么多具有丰富教育经验和专业知识的老教师作为榜样，他们对教育事业有着深刻的理解和热爱，他们以身作则，用自己的行动和言传身教，向新教师们展示了一名教育工作者应该具备的品质和精神。通过观察他们对学生的关心和呵护，让新教师们看到了教育的真正意义。他们把学生放在首位，尊重每个学生的个体差异和需求。他们不仅关注学生的学业成绩，更注重培养学生的品格、情感和社会能力。他们教会广大新教师：教育的目标不仅是传授知识，更要为学生的全面发展和成长负责。同时，他们还展现了对教育事业的坚守和热情，尽管会遇到各种困难和挑战，但从不退缩，始终保持积极的态度和奉献精神。他们以乐观的心态面对工作中的挑战，从失败中汲取经验教训，不断反思和提升自己。他们的坚守和热情激励着许多像女孩一样才走上工作岗位的新教师，让他们明白只有真正热爱教育，才能坚守理想并为之努力奋斗。最重要的是，老教师们通过自身的人格魅力和专业素养，成为众多新教师学习和效仿的榜样，他们的言行举止展现了高尚的品质和崇高的职业道德，他们对待学生和同事都充满关爱和尊重。他们注重自身的专业发展，持续学习和研究教育领域的新知识，不断提升自己的教学水平。他们的榜样作用让女孩感受到作为一名教育工作者的责任和使命，激发了女孩坚守教育初心的决心。

其实行文至此，不难看出，文中所言女孩就是我，一个普普通通在农村长大，并且目前又回到农村任教的年轻教师。通过大四上学期支教半年、下学期顶岗半年，加上正式工作两年，偶有迷茫之时，思考教育的真谛到底是什么？我重新审视和思考了自己作为一名教师的责任和使命，深信只有保持对教育初心的坚守，才能够真正成为学生们的引路人和榜样。无论遇到怎样的困难和挫折，我都会以我的老师们为榜样，继续热爱教育事业，坚守自己的理想，为学生们的成长和未来贡献自己的力量，也希望有越来越多的有志青年能将目光投向乡村这一块，踊跃投身于乡村教育，为实现乡村振兴贡献自己的力量，让如火青春闪耀在祖国最需要的地方！

作者简介：郭艳，女，四川师范大学思想政治教育专业 2017 级本科生，现就职于四川省宜宾市叙州区横江中学校。

下　篇

退休教师在师德师风建设中的引领作用研究

——基于对渝东北小城某退休教师的访谈

潘淇淇

访谈人物：陈海清

访谈者：潘淇淇

访谈时间：2022年1月24日、2023年1月29日

人物备注：

陈海清，男，重庆市开州区人，曾任教于重庆市开县（现开州区）丰乐中学和竹溪镇小学，执教中学物理、英语以及小学语文、数学等学科。陈老师从教三十年，教学广受学校领导、师生好评，获得多项荣誉称号。

陈海清老师（左一）

摘要：以“为党育人，为国育才”为宗旨，以党的二十大精神为指南，基于大众对乡村教师师德师风建设的高度关注，通过访谈渝东北小城的乡村退休教师，来了解渝东北地区乡村师德师风的现状，发现其中出现的问题并提出相关建议，希望以小见大，能够应用到川渝地区的乡村甚至更为广阔的范围，从而进一步促进乡村教师队伍建设，推动乡村教育提质升级，助力乡村振兴。

关键词：乡村教师；师德师风；渝东北地区；口述史

乡村教师是指在乡村学校工作的教师。20世纪50、60年代，为解决农村教育问题，各级政府采取措施，招收了大量乡村教师。乡村教师长期肩负着乡村教育者和乡村建设者的双重角色。新时期，习近平总书记强调师德师风建设，并频繁使用“情怀”二字，不仅要求教育工作者有情怀，而且“情怀要深”。这不仅是对思政课教师的要求，更是每个教师都应秉持的，乡村教师也

不例外。乡村教师应该担当起公共使命，既应履行好立德树人、教书育人的专业使命，又应履行好驱散愚昧、烛照文明的社会使命。通过几十年的发展，乡村教师师德师风建设已经取得较大的成绩，但目前仍不可避免地存在一些问题。基于此，希望通过对乡村退休教师的访谈，明确乡村教师为何需要进行师德师风建设，如何进行师德师风建设，怎样进一步传承优良的师德师风，为基础教育研究提供和积累素材。

一、绪论

（一）研究背景

乡村教师是扎根在中国广大农村地区，为农村基础教育事业奉献力量的教育工作者。他们爱岗敬业，热爱教育事业；他们热爱学生，有着高尚的职业道德；他们为人师表，即使在艰苦的环境中依然恪守职责。高素质的教师队伍是办好教育的基础和前提，抓好师德师风是建设高素质教师队伍的内在要求和重要保证。然而，乡村教育却是中国教育的短板，也是中国建设教育强国遭遇的难题。渝东北地区，地理环境复杂，位置偏僻，距离中心城区较远，当地乡村教育统筹不够，发展不平衡，并且涉及少数民族教育问题，是全渝乡村教育的难题，也是乡村振兴的难点。据统计，渝东北小城开州区常年外出务工经商者达到 55 万人，被誉为“中国打工第一县”，并且开州区位于重庆市东北部，三峡库区小江支流水末端，是修建三峡大坝牺牲最大的区县之一，如今看到的开州新城区全部都是重建的，原来的老城区基本上都已经被水淹没了。在很长的一段时间里，开州区的经济一直停滞不前。由于上述种种原因，开州区留守儿童众多，特别是以前因为家庭监护不到位，不同程度存在安全失保、学业失教、亲情缺失的“三失”问题。经济基础决定上层建筑，经济发展停滞不前，教育状况自然不容乐观，这里的乡村教育问题一直比较显著。对于渝东北地区的乡村教育，政府日渐重视。2021 年 7 月 19 日，《重庆日报》记者从市教科院获悉，首届乡村振兴教育帮扶活动在万州恒合乡举行，来自市教科院、万州教师进修学院教研专家以及部分市级名师对 60 名乡村小学教师进行了教学能力提升培训。乡村教育发展当然不止于教学能力的提升，更在于立德树人，国务院办公厅印发的《乡村教师支持计划（2015—2020 年）》首要要求便是提高乡村教师思想道德素质和师德水平，达到习近平总书记所讲的“情怀要深”。基于此，希望以对渝东北小城退休教师在师德师风建设中的引领作用研究来提高乡村教师的师德水平，推动乡村教师队伍建设及乡村教育向好发展，促进乡村振兴。

（二）研究方法的选择和应用

本次研究主要采用访谈法、实地调研法、文献检索法。访谈法又称晤谈法，是指通过访员和受访人面对面交谈来了解受访人的心理和行为的心理学基本研究方法。访谈法的最高境界是有目的地成功聊天。为完成调研，我前往受访人陈老师的家中进行面对面的交谈，虽说是访谈小白，但因与陈老师足够熟悉，过程有惊无险。这种方法让我能够使用比较复杂的访谈提纲，也不受语言文字的限制，可以获得直接可靠的信息和资料，有益于研究的进行。实地调研法是社会科学研究中一种既古老又新颖的方法，能够收集到原始的第一手资料。调查研究还需“实”字当头，实地调研便是“实”字的最好写照，因此我前往重庆市开州区丰乐中学进行实地调研，获取了第一手信息和资料。在采访和实地调研后，我检索了渝东北地区乡村教育相关问题，以求达到全方位、多层次地了解渝东北地区乡村教育情况，进而得出更加准确的结论。文献检索法超越了时空限制，书面调查的形式避免了口头调查中可能出现的各种记录错误，利于节省时间、金钱。

（三）研究的现象与问题

乡村教师是农村教育“活的灵魂”，是农村学生睁眼看外部世界的“第一面镜子”。师者，所以传道授业解惑也。只有乡村教师拥有高水平的能力与素质，乡村的学生才能获得良好的教育。乡村振兴战略对乡村教育提出了更高的要求，也赋予了乡村教师更多的新角色。新时代乡村教师既是振兴乡村教育，阻断贫困代际传递的育人力量，也是造就现代农民和推进乡村文化建设的主力军。乡村教师要承担起这些新的角色，优良的师德师风是根本保证。围绕“我身边的最美乡村教师”主题，研究渝东北小城退休教师优良的师德师风，展现最美乡村教师的风貌，以传承良好的师德师风，促进乡村教育振兴。同时也应注意到部分乡村教师仍存在师德缺失问题，使得乡村学生受到伤害，甚至引入歧途，亟待解决。

现在的重庆市开州区丰乐中学

（四）研究的目的与意义

1. 研究目的

首先，在本次研究中，试图通过获取受访人陈老师的口述史料来记录渝东北小城乡村教育的发展变迁史。其次，从受访人陈老师的讲述中得出乡村教师既有的师德师风，也从他的言语中了解到仍有缺乏师德的教师存在，结合现存师德缺失的实例，探索树立师德、重塑师风的方法路径，并尝试给出解决方案。最后，在学习和贯彻党的二十大精神之际，试图通过对退休教师师德师风的研究来展现乡村教师的成长历程，提出养成建议，促进乡村教育高质量发展和城乡教育协调发展，建设高质量教育体系。

2. **研究意义**

在理论意义上。首先，采访渝东北小城退休教师对多年来乡村教育的反馈情况，有利于找出退休教师自带的师德师风，找出其值得借鉴之处，观察是否对川渝地区具有普遍适用性，吸取经验和教训，发挥其引领作用，针对性地提出对川渝地区乡村教师的师德师风建设的建议，更好地满足川渝地区广大民众日益增长的美好生活需要。其次，研究当地乡村教育情况，有助于培育当地乡村教师优良的师德师风，有利于助力当地乡村教育的提质升级，推动渝东北人才振兴。再次，提高公众对渝东北地区的关注，有利于更好地缩小其在教育方面与中心城区的差距，促进重庆市教育整体协调发展，进而促进全市全方位、多层次协调发展。最后，在田野调查中对渝东北小城乡村退休教师进行调研走访，试图为现代口述史的发展贡献自己的力量。

在现实意义上。首先，研究渝东北小城乡村退休教师的师德师风情况，反映乡村教育状况，丰富了渝东北地区相关史料和地方志。其次，对于渝东北小城乡村退休教师的师德师风和乡村教育变迁情况的研究及建设方法路径的提出，有益于助力实施《重庆市开州区教育事业发展“十四五”规划》《重庆市开州区国民经济和社会发展第十四个五年规划和二〇三五年远景目标纲要》，努力实现在“十四五”期间，全面贯彻党的教育方针，坚持教育优先，落实立德树人根本任务，深化教育改革，促进教育公平，加快推进教育现代化，提高教育服务经济社会高质量发展的能力，办好人民满意的教育，推动教育总体水平在渝东北三峡库区城镇群中位居前列。到 2025 年，全区普惠性幼儿园覆盖率稳定在 95%以上，义务教育达到优质均衡发展标准，高中阶段教育毛入学率达 97%，高等院校办学实现零的突破。[①]

二、乡村教师师德师风展现及其出现的问题

教师职业道德又称“教师道德”或者“师德”，它是指教师在职业活动过程中所应当遵循的，用以调节教师职业工作中教师与学生、教师与集体、教师与社会等关系的道德规范和行为准则的总称。杜威早在一个世纪之前就说过“学校和教师对社会负有道德责任”。学生向教师学习的不仅仅是客体化的人类

① 开州区人民政府：《重庆市开州区国民经济和社会发展第十四个五年规划和二〇三五年远景目标纲要》，2021 年 4 月 21 日。

文明精华，更是充满了主体内在性和选择性的观念体系。[①] 由于它附着在教师个体身上，学生或因教师崇高的德行而自觉接纳教师所教的内容，或因其低劣的品行而拒斥其传授的知识。因而，在某种程度上，师德影响着教育教学效果，而教育自身即蕴含着道德的努力。[②] 教师职业道德在促进教师的专业成长、推动教育工作有效开展、协调教师职业活动的人际关系等方面都可以发挥出重要的作用。具体而言，教师职业道德在教育活动中发挥着三个方面的主要作用：一是它可以对教师起到道德引导和规范的作用，促使教师提升自我的职业道德修养，改善自身的职业素质与能力；二是它可以通过教师的道德示范作用对学生展开隐性的人格教育，促进学生的心智成长和道德发展；三是它可以通过教师富有成效的教育工作为社会培养有用之才，从而促进社会的发展。职业道德在乡村教师身上表现为：第一，对乡村教育的充分认同。提升乡村教育水平是促进城乡教育公平和实现乡村振兴的重要途径。唯有在精神理念上充分认同乡村教育的重要价值，才能在行动中实现对乡村教育的有效促进。第二，对乡村教育发展的期待与决心。对乡村教育抱有的衷心希望和信心，会坚定乡村教师投身乡村教育事业的决心。第三，投身乡村教育事业发展的使命感与责任感。所有的理念最后都要践行于实际，乡村教育的延续和发展离不开乡村教师勇于奋斗的胸怀和坚定不移的毅力。第四，超乎名利的精神追求。乡村教师需要有一方自己的精神乐园，它源于在长期坚守乡村教育事业中获得的职业自信、职业幸福和职业归宿。[③] 除此之外，乡村教师也有自己独特的见解，并用实际行为来展现着其师德师风。当然，乡村中缺乏师德师风的教师仍然存在，一些问题亟待解决。

（一）乡村教师师德师风的表现

“师德师风主要是牵涉到作为一个教师对教育部门、教育事业的认识和对教育事业中应当做的事的理解。首先呢，我用简单的几个字总结，那就是重教如神、育人如子。什么意思呢？就是我们对教育要重视。作为一个教师来说，应该把教育视为我们一生当中最光明最伟大的事业，要像对神明的尊重。那么

① 傅维利、张东娇：《论教师职业道德形成与发展的基本规律》，《教育科学》1999年第4期。

② 朱东阳、王攀峰：《中小学师德师风建设的实践困境与优化路径》，《中小学教师培训》2022年第12期。

③ 高汝伟：《基于苏霍姆林斯基情感教育观的师范生乡村教育情怀培育》，《中学政治教学参考》2018年第33期。

我们作为一个教师应该首先在态度上有一种认识。育人如子，就是我们在教学过程中对待学生即接受我们教育的人，应该像对待自己的子女一样关怀爱护。这就是我对师德师风的理解。总而言之，我对国家的教育事业是非常满意、非常高兴的，而且为自己能投身教育事业当中确实感到非常骄傲、非常自豪。"①

透过陈老师的讲述，可以将他心目中的师德师风总结为三点：明确认识、重教如神、育人如子。

1. **明确认识**

师德师风要求必须明确对教育事业的认识。教育的主体是人，教育的对象是人，教育的目的是人的全面发展，所以教育事业是关乎人的事业。教育应坚持以人为本，遵循教育规律，面向社会需求，一切以促进学生身心健康和全面发展为目标，发挥教育在提高国民素质、促进人的全面发展、实现民族振兴和推动社会进步过程中的作用。

"古言道：师者，所以传道授业解惑也。就是说作为一个教师，他有三重任务：第一，就是要培养学生的道德，所以传道就是思想意识、道德的培养；第二，就是传授知识，教师的主要任务是给接受教育的人传授知识；第三，解惑，就是解决学生在日常生活中方方面面不理解的问题，对学生需要的认知进行指导，使他方方面面都得到知识。"②

陈老师用一句名言来解释自己理解的教师工作、教育事业，十分简单却清晰明确，从中能够感受到陈老师对教育事业真挚的感情。

2. **重教如神**

师德师风也要求重视教育要像尊重神明一样，如孔子所讲："敬鬼神而远之"。陈老师并不迷信，只是在这里用通俗易懂的比喻来表达对教育应该高度重视。认识影响实践。倘若对一件事情满不在乎，认为其可有可无，自然不会费心费力去参与其中。教师，作为教育工作的承担者，如果对教育没有足够的重视，必然对工作敷衍了事，潦草度日，这种态度显然是消极的。教育是国家发展的基石，教育事关民族兴旺、人民福祉和国家未来，教育事业涉及千家万户，蕴含千家万户美好的期盼。因此，作为教师，要将教育工作看作是一生当中最光荣、最伟大的事业，珍视它，热爱它。

3. **育人如子**

师德师风还要求对待学生要像对待自己的子女一样，用更加学术化的说法

---

① 引自第二次采访陈海清老师记录稿，2023 年 1 月 29 日。

② 同上。

就是对教育对象要有情感投入。教师在从事教育工作过程中会因真切的教育操作而与教育的元素形成稳定的情感联系。具体而言，校园、课堂、知识、道德、学生等这些教育因素都有可能成为教师良好心境的必要条件，也就是形成师德师风的必备条件。其中，学生必然与教师的心境状态联系最紧，毕竟只有学生是教师教育的对象，其余只不过是工具或环境等。自然而然，教师也最能为学生投入情感。当这种情感投入在积极的方向上发展到一定的程度时，就可能升华为一种具体而生动的教育情怀。[①] 另一方面则表现为教师职业道德。一个具有良好职业道德的教师，他自身道德品格的高尚以及他对于教育工作的热爱将深深地感染学生，对学生会产生非常好的教育影响。教师的仁慈是教师职业道德一个重要的组成部分，现实地表现为教师对学生的一系列情感和行动倾向，是具有高度理智性、超越性的爱心及宽恕的伦理精神和道德原则。首要的便是关怀。我们对于自己子女首要想到的情感必定是爱与关怀，因此育人如子的意义就在于此。

“杜同学原来很不听话，调皮得很，那时候几乎要被学校开除，但是现在我来了，首先把他当孩子一样爱护，向他轻声细语地讲道理，以身作则教育他。”[②]

从陈老师简单的几句话我就能感受到其中浓浓的关怀。具有关怀倾向的教师，见到成长和发展中的学生，会不由自主地生出满腔的爱心，无论学生的个人特征、社会背景如何，都能以善意相待。人是富有感情的，教师对学生如何，学生自然有深切的感受，“投我以木桃，报之以琼瑶”，学生感受到来自教师阳光般的温暖与抚慰，随之产生良性互动，产生独属于教育的感动，是师生双方的感动。

“过后，杜同学非常顺服我，他对我比家里面的儿子女儿那些对待我还要好。早上起来给我打洗脸水，晚上打洗脚水。最感人的是，那时候冬天不像现在这样方便，冬天有那个200W的泡子，他很聪明，把泡子挂在床架子上我睡觉的地方，这样弄起就非常热和，温暖了我的整个冬天。”[③]

很简单的行为却实在、真诚，令人深受感动。

“后来最令人感动的事情是，那年我妻子得了阑尾炎，那时候就在这个地方，在医务室这里等车，这个学生为了感谢我，他亲自跑到公路上去拦车。所

---

① 刘庆昌：《论教师的教育情怀》，《教师发展研究》2021年第4期，第73～80页。

② 引自第二次采访陈海清老师记录稿，2023年1月29日。

③ 同上。

以这一件事就说明这个学生被教育好了，他有所改善了之后，来表达他的感谢。那个时候车少，不像现在多啊，货车偶尔也不停车，他就敢跑到公路上去拦车。”①

为救护老师的亲人而丝毫不顾个人安危，很危险的行为，却令人深受感动。这无疑是高尚师德师风带来的积极而正向的反馈。

（二）乡村教师师德师风建设中存在的问题

师德师风是在长期教育实践中生成的，是社会道德规范体系的有机组成部分，它体现着教师应当具有的道德情感、道德观念、道德情操以及由此而形成的整体性道德品质，其建设难度非同一般，尤其是在经济文化发展相对落后的广大农村地区。乡村教师在培育师德师风的过程中存在如下一些问题。

1. 部分乡村教师缺乏对乡村教育的认同

对乡村教育的认同是乡村教师培育师德师风的前提。只有从内心深处认同了乡村教育，乡村教师才能进一步把自己的精神与教育过程统一起来，这种统一是师德师风建设最根本的机制。乡村教师师德师风建设有所不足，主要表现在这几方面：①缺乏必要的乡恋意识与扎根心理；②缺乏炽烈的乡村教育期待与奉献热忱；③对乡村教育的深切理解与内在认同还不够充分。总之，上述问题的实质就是缺乏对乡村教育的职业归属感。部分乡村教师抱有客居乡村的心态，没有扎根乡村的自觉意识，觉得自己是乡村的过客而已。他们没有太多深入当地风土民情的自觉意愿，对本乡本土的乡村文化与习俗也没有足够的学习与接纳热忱，对乡村社会的良好愿景与乡村建设的美好未来没有足够的关心，对乡村教育没有形成足够的认同感，也缺少对乡村学校和学生的深切理解，难以产生促进乡村发展、奉献乡村建设的激情与斗志，师德师风自然难以形成。

2. 部分乡村教师缺乏对知识与道德的理智崇尚

在纯粹意义上，教育是可以被简化为教育者依据一定的目的，用知识和道德影响受教育者的过程，其中知识和道德充当着实现教育目的的手段。但是知识和道德应当不仅仅是一种手段，如果仅是一种手段，那么教学活动就只是简单地传授知识或是灌输知识，是冷冰冰而不含感情的，效果自然也是不好的，即使达到效果也是简单的知识增加，如同量变，却并没有发生质变。一部分乡村教师的工作就存在上述的情况。长期以来，教师继续教育、教师培训以及教

---

① 引自第二次采访陈海清老师记录稿，2023年1月29日。

师资格制度对教师的评价和认定大多聚焦于教师的专业知识和技能，也就是单纯的知识累积，而对情感驱动层面的教育情怀缺乏应有的关注和足够的重视。这似乎成了普遍现象。即使是师范院校，无论师范专业学生的课程设置还是考核要求，仍然大都基于可以量化的专业知识和教学技能，对知识和道德犹如工具般利用，鲜少涉及关于师德师风的熏陶习染，而事实上对于真正有师德师风的教师来说，知识和道德是与他们的精神品质和精神生活联系在一起的。知识是人类认识世界的成果，道德是人类生活实践的智慧总结，它们是文化中最重要的两个要素，也是教育所主要传递的。人类创造了知识和道德，有师德师风的教师会热爱和崇尚知识和道德，也就是崇尚人类这一创造者，这样的教育便具备了广泛的人文价值。这也是大部分乡村教师所缺乏的。

3. **部分乡村教师缺乏对乡村学生的关怀与热爱**

高尚的师德师风要求教师要在教学活动中给予学生深沉的爱并倾情投入，关心每一个乡村学生的健康发展，然而实际行动往往比言语更难以办到，部分教师并不能做到对学生充满关怀与爱。

“我举一个例子。原来有一个老师，他教学毛倔倔的（方言，意为古板，不懂变通），喊一下动一下，对待学生啊，对待家长啊，没有一种师德的表现。例如，他的学生做不来题，如果来问他，一旦超过两遍，他就会把学生的作业本甩了，这种事情出过好几次。我认为，学生做不来题，问一遍两遍，问十遍都是该问的。我说他这是缺乏师德的表现。学生他不懂他才来问你嘛，为啥三道四道来问你，他如果懂了，他问你干吗？他来问你就是想要弄懂问题。把这个问题弄懂了，是好事，你应该支持，哪怕问十道八道都要好好讲。一个学生来问你，你把本子都给人甩了，还发脾气，他没懂你不讲，你反而来怪学生。除此之外，这位老师还经常对家长说一些下流话，他本来是师范学校出来的，反而做些这样不道德的事情，实在是有辱斯文。所以说，这样的事例还是有。”①

个别缺乏师德师风的老师脾气暴躁，更多的原因是为了自身的名利考量，在教育教学中爱得浅薄、浮于表面或爱有差别。比较典型的是，教师对待成绩优秀、学习认真的优生和对待学习松散、成绩较差的学生态度明显不同。教师对待不同学生时常出于自身喜好、绩效评估等原因，倾向于以温和柔软的态度宽容地对待优秀学生，并给予其更多资源，减少其本应参加的劳动等等，反过

① 引自第二次采访陈海清老师记录稿，2023 年 1 月 29 日。

来对所谓的差生漠视甚至粗暴对待，遇事常用体罚等不科学的方式来解决。这对所谓的差生来讲是极端痛苦的，会进一步影响其个性、学习、生活甚至未来的走向。特别值得注意的是乡村中最庞大的群体之一——留守儿童，这些儿童本就从小离开父母，缺乏父母的爱，在上学之后，也没有受到老师的特殊关心，在爱与需要这一层次的满足上有着巨大的缺陷，若老师为了自身私利和所谓的省心，面对这些学生不主动关心他们的心理状态和学业背后的个人生活，却选择尽量无视其强烈需求，实在是没有做到师德师风要求的关怀和热爱。

三、探寻乡村教师师德师风建设的路径

师德师风是教师精神层面的崇高品质。教师在培育师德师风的过程中逐渐形成对祖国教育事业的热爱，不断激发促进学校发展、学生发展的使命感和责任感，深爱教师专业，真爱教育，不断促进学生身心健康成长。因此，师德师风对于乡村教师非常重要且不可或缺，绝非朝夕可就，教师怎么能具有师德师风呢？这个问题肯定无法借助行政管理的方式去解决，因为师德师风绝不是在强制的要求和督导下就能够具有的。而且，这个问题也无法单一通过培训的方式去解决，因为道德本身并非一种接受科学原理支配的技术性存在，更别提通过简单的培训就能树立。师德师风是需要养成的。既然是养成，就不可能一蹴而就，而是一个内力驱动和外力支撑共同合力下的动态生成过程。我们根据乡村教师师德师风建设时遇到的问题来探寻培育师德师风的路径，通过发挥退休教师在师德师风建设中的引领作用，得到三点结论：①强烈认同乡村教育；②理智崇尚知识和品德；③深切关怀与热爱乡村学生。

（一）强烈认同乡村教育

在师范教育过程中，乡村教师不仅要储备大量的专业知识和培养教学技能，也要获得对乡村教育重要性、独特性和薄弱性的认识，增强对乡村教育情感的必要熏陶和感染，养成对乡村教育事业的充分认同与衷心热爱。

“对于提高师德，首先就是要增强教师的思想意识。思想是最重要的，务必要注意意识培养。”①

如陈老师所说，思想影响人的实际行动，因此务必要注意思想意识的培养。乡村教师作为乡村教育师德师风生成的主体，其自我构建的主体自觉是培育师德师风的前提和基础。自觉培养意识，有了意识之后再自觉实践与行动。

---

① 引自第二次采访陈海清老师记录稿，2023 年 1 月 29 日。

乡村教师需要认识到乡村教育的独特价值与乡村教师的职业价值，把乡村教育作为一项伟大的事业，始终对乡村教育保持足够的热情和热爱，对乡村教育工作表示高度肯定，始终秉持着致力于乡村教育发展的希冀和信念。乡村教师以“天将降大任于斯人也，必将苦其心志，劳其筋骨，饿其体肤，空乏其身，行拂乱其所为，所以动心忍性，增益其所不能”的乐观心态面对工作生活中的困难和痛苦，才能下定决心献身乡村教育事业。当然，主观和客观是辩证统一的，只具备主观因素也不能促进发展，还需要具备客观条件。良好的环境能够对人的发展产生积极影响，在当地大力宣传乡村文化，举办各类讲座、比赛和丰富多彩的活动等，可以使乡村教师在参与和熏陶中感受到文化向心力与归属感，增进对乡村文化的理解和认同，进而内化于心外化于行，自觉为乡村教育、乡村文化建设做出贡献。其中，为充分发挥退休老教师传帮带作用，可以多多开展“退休教师重返校园”活动，以故事会、分享会、交流会等方式向青年教师们传递师德师风。乡村教师也是人，也有正常的生存发展需求，不能一味地只要求教师默默无闻、无私奉献，也要关注到他们的各种现实需求。首先，要提升乡村教师的工资待遇和相关福利。《义务教育法》明确要求“教师的平均工资水平应当不低于当地公务员的平均工资水平”。

“我才开始教书的时候二三十块钱工资，退休的时候也才三百块钱，现在起码涨了十几倍。在工资待遇上，教师和公务员是看齐的，有些时候比公务员还要特殊，待遇比公务员还要好。”①

以刚刚提到的“退休教师重返校园”活动举例，若当地政府和学校有条件，可以为退休教师提供一些物质补助，当然精神方面的支持更为重要。

从《义务教育法》实施后的情况和陈老师的实际经历看，乡村教育的问题已经有了很大改善，但对于一些地处偏远、条件恶劣的老少边穷地区，仍需要进一步体现公平原则。要确保乡村教师的基本生活需要并使他们能够获得更高层次的满足，关心乡村教师的生理和心理状态，帮助教师减轻压力。乡村教育由于种种原因不可避免地存在家校合作失调等问题，留守儿童、单亲家庭儿童、生活困难儿童很多，教师与学生及家长必要的交流变得很困难，要么无人交流，要么交流不畅。

“竹溪中学有个老师，他的一个学生经常跟其他同学打架，这个学生比较占强，劝说也不听，有一次惹怒了老师，一气之下给了那个同学一耳光，学生晚上回去就喝农药了，幸好没有大事发生，如果出了问题，老师完全脱不了干

① 引自第二次采访陈海清老师记录稿，2023年1月29日。

系，也是个特别教训。本来往年也处处提到老师千万不能打学生，但我考虑是因为老师太愤怒，已经忍无可忍了，才给了学生一耳光，也说明这个老师对学生还是比较负责的。另外，家长也有因为自己孩子受了批评冲进学校打骂老师的。”[①]

上述事例中，采用体罚的方式教育学生肯定不对，但也揭示了教师与学生、教师与家长之间沟通不畅，甚至发生矛盾和冲突的困境，因此必要时应该取得村干部或一些村里权威乡党的帮助。乡村向来是人情社会，乡村教师可以在初进学校时以学识和为人赢得全村人的认可、奖励和赞美，在初次家访时征得村内权威人士的陪同，在发生矛盾时请这些人进行调解，等等。双管齐下，主客观统一的双向作用能促进乡村教师对乡村教育产生认同，使他们自觉自愿留下助力乡村教育的发展。

（二）理智崇尚知识和道德

韩愈《师说》有云：“师者，所以传道授业解惑也。”首要便是传道，也就是传授知识。在教育领域，我们至今仍然在讲“学高为师”，教师是毋庸置疑的知识分子。

从事教师这个职业，你必须要有足够的知识储备，还要有高超的教学技能。但倘若只是这么讲，教师就沦为了简单的知识传授工作者。要真正形成师德师风，必定要对知识热爱，对道德崇尚，对文化有更真切的理解。只有当教师对知识和道德充满感情，他们才能更深刻地去理解。在这种情况下，教育不再仅仅是完成教学任务，而是将他们视为珍宝的知识和道德一代又一代地传承下去，他们会充满感情地讲述知识，以身作则地传递道德。师者，治世之本，万世之表，应志于师道、以师为荣；师者，正己而正人，须身正为范、淳风化俗；师者，传道、授业、解惑，必勤勉治学、熟读精思；师者，知难而进，知困而学，则教学相长、不耻下问；师者，上善若水，坦荡无私，能慈爱弟子、兼容并蓄。退休教师拥有如旧时夫子一般难能可贵的品质，若通过“退休教师重返校园”等一系列活动，让他们以亲身经历讲述这种感受，能够将知识和道德真正根植于其他乡村教师的心中。从事教师职业的人，不是传声筒，亦不是书本知识的背诵者，而是知识的讲解者和创作者，应当博览群书、勤勉治学，在学习的过程中，在提升自我身心修养和知识储备的过程中，对知识有更清晰的逻辑分析和感悟，再通过自己的语言与思维传授给学习者，并致力于实现知

---

① 引自第二次采访陈海清老师记录稿，2023 年 1 月 29 日。

识的创新与传承。

（三）深切关怀与热爱乡村学生

由于乡村学校的学生都来自农村，他们受周遭环境与家庭教育的影响，会比较胆小拘谨，不善言谈，缺乏自信心，不愿与老师交流。乡村学生也因见识少、知识面窄、思维不活跃和接受能力较弱等，导致其交际能力、记忆力、思维能力和迁移能力比较差。因为上述原因，所以乡村教师所承担的责任相对较重，付出比一般的教师要更多。当然，最重要的还是对学生的关爱之情。有了关怀与爱，学生就有动力去学习，只要愿意学习，其余都是可以慢慢解决的。

“培育师德师风再就是在教学的过程中，要有爱心，要有耐心，要有信心，要有责任心。这四心务必备之。”①

的确，教师要有爱心，随时随地关心学生的身心状态，帮助学生解决无法独立解决的难题；要有耐心，不管是讲课、讲题还是讲道理，教师都要温和细致地讲解，面对学生的询问一定不要不耐烦，反而要悉心解答；要有信心，要相信学生的人品和能力，必要时放手让学生去尽情发挥，激发学生的潜力，时常且有效地对学生表达期望和赞赏；要有责任心，对学生负责任，关爱每一个学生，尊重他们的人格，促进他们德智体美劳全方位发展，要对职业负责，爱岗敬业，做好教书育人的本职工作，对于学生的事情不能袖手旁观。乡村的退休教师拥有一颗诚挚的心，他们在长期的教育教学实践中硕果丰厚，是具备崇高道德境界，拥有敏锐教育效能感，掌握高超教育艺术与教学技能的心理关怀者。因此，聘请退休教师对乡村教师开展“四心”传帮带，对师德师风建设是十分必要的。

四、展望

研究秉持以“退休教师在师德师风建设中的引领作用”为目标，通过实地调研法、访谈法、文献检索法等，得出乡村教师师德师风培育的现状并提出相关建议。实地调研发现乡村教师师德师风培育过程中存在不少问题，主要有三方面：一是缺乏对乡村教育的深度认同，二是缺乏对知识和道德的理智崇尚，三是缺乏对乡村学生的关怀与热爱。通过访谈乡村教师以及实地调研相关人员，对症下药地提出相关建议措施，特别强调要注重发挥退休教师的引领作用。事后，通过查阅文献并了解他人对该地区相关问题的研究，以求全方位、

① 引自第二次采访陈海清老师记录稿，2023 年 1 月 29 日。

多层次了解情况，进而得出正确的结论。事实证明，以上结论是普遍存在的。通过研究，我深切相信乡村教师师德师风建设的主要问题，可以在退休教师的引领指导下多措并举地逐步得到解决，进而助力乡村教育高质量发展和城乡区域协调发展，构建高质量教育体系，推动乡村振兴奋斗目标顺利实现。下面，让我们真切聆听陈海清老师的心声。

“你们现在所处的这个时代是一个非常好的时代，感谢中国共产党，感谢中华人民共和国，有好的领导，有勤劳勇敢的十四亿中国人。所以在这种情况下，不管世界是多么的风云激荡，中国依旧能够稳步持续地发展。教育不会被时代抛弃，教师在任何时代都是受欢迎的人，在任何事情上也都是受欢迎的。这个职业是高尚的，是值得赞美的，也是值得骄傲的，因此国家对我们的要求也是最严的，对我们的希望也是最大的，所以祝愿你们这辈今后在这条战线上发挥出最大的能量，为人类的教育事业做出最大的贡献。”①

尊敬的陈老师，请放心，我立志为教育事业奉献终身。我坚信，因为有您有我还有他（她），一代代教育工作者前赴后继、奋斗不止，未来的中国一定会跻身世界教育强国之林。

作者简介：潘淇淇，女，四川师范大学思想政治教育专业2021级本科生。

① 引自第二次采访陈海清老师记录稿，2023年1月29日。

走近泸沽湖：回望摩梭人聚居区四十年基础教育发展史*

谈　鲜　杨昱洁　徐俊兰　潘淇淇　林治学

摘要：基于摩梭人聚居区教育发展不平衡不充分，隐现民族文化传承和发展危机以及生态环境保护危机的现状，本文通过采访和回访多位不同职务的当地人来记录和研究摩梭人聚居区基础教育的历史变迁，以达到总结改革开放以来民族地区基础教育改革与发展成效，尝试解决其中出现的问题并提出建议，从而促进当地各项事业的发展以及献礼二十大的目的。通过采访得出了该地区现存民族融合与民族文化保护之间的矛盾、城乡人才培养差距与流失人口的矛盾、职业教育与普通高等教育之间的矛盾的结论，该结论与国家出台的相关政策相呼应，为今后摩梭人聚居区基础教育的发展提供政策依据。

关键词：摩梭人；基础教育；变迁；口述史

摩梭人说摩梭话，其文化既自成一体，又与周围民族相互影响，他们信奉本土宗教达巴教还有藏传佛教。摩梭人被认为是中国唯一仍存在的母系氏族社会，他们有着独特且与众不同的文化习俗。随着时代的发展，摩梭人也逐渐融入现代文明当中。改革开放以来，摩梭传统文化与外部环境融合趋势加速，但难以避免地出现了一些问题。因此，我们来到四川省凉山彝族自治州盐源县泸沽湖镇，对当地的摩梭人进行采访，以记录改革开放以来当地基础教育的变迁，同时试图通过研究破解已经发现的问题。

一、绪论

（一）研究的背景知识

摩梭人聚居区在大多数中国人眼中都是很神秘的存在，在这里生活的人叫作摩梭人。摩梭人主要居住于中国四川省凉山彝族自治州盐源县、木里县与云南省丽江市宁蒗彝族自治县之间的泸沽湖畔，自称“纳”“纳日”等。云南摩

---

* 此文获邀参加全国第十二届大学生口述史比赛。

梭人被划为纳西族，四川摩梭人被划为蒙古族。我们此次采访的对象主要是四川省凉山彝族自治州盐源县泸沽湖镇的摩梭人。截至 2015 年，泸沽湖镇的摩梭人共有 5505 人。摩梭文化具有独立性，又与其他民族的文化相互影响。关于摩梭人聚居区中小学老师教育相关问题的调查研究有人做过，但从目前看来，没有形成系统而完整的体系。基于此，我们青狮摩梭行小分队以“改革开放与时代变迁”为主题，选择了摩梭人聚居区这个具有鲜明特色的地点，对其基础教育变迁情况进行了研究。我们研究的对象主要包括：以前的宿舍、老师教育资质的变迁、以前的教学内容、教学感受、学生质量、学生未来就业以及教育中如何融入民族文化等，希望能从中观察到改革开放与时代变迁对摩梭人聚居区教育发展的深刻影响。

（二）研究方法的选择和应用

研究团队本次主要采用了访谈法、实地调研法和文献检索法。访谈法又称晤谈法，是指通过访员与受访人面对面地交谈来了解受访人的心理和行为的心理学基本研究方法。访谈法具有许多优点，例如能够使用比较复杂的访谈提纲，不受书面语言文字的限制，因此灵活性较强；面对面地交流能够获得直接可靠的信息和资料……最重要的是，这样的方法能够简单而迅速地收集多方面的工作分析资料，有益于研究的顺利进行。实地调研法是社会科学研究中一种既古老又新颖的方法，能够收集到原始的第一手资料。调查研究还需“实”字当头，实地调研便是“实”字当头最好的写照。文献检索法是以文献为检索对象，从已存贮的文献库中查找出特定文献的方法。此方法超越了时空限制，书面调查的形式避免了口头调查中可能出现的各种记录错误，并且方便、免费、安全、自由、高效，不受外界限制，利于节省时间、金钱。为了研究摩梭人聚居区中小学老师教育相关问题，团队特地去到四川省凉山彝族自治州盐源县泸沽湖镇实地调查并采访了老师、学生以及学生家长，被采访者十分配合地完成了采访，对于每一个问题都认真回答并且事无巨细，采访过程气氛十分融洽，轻松愉悦。在采访与实地调研之后，团队成员对涉及当地教育相关问题的文献进行了检索，以求达到全方位、多层次地了解当地教育情况，同时与专家陈志勇老师进行探讨，进而得出更加准确的结论。

（三）研究的现象与问题

“虽然摩梭人目前还保留着远古母系社会的风俗习惯，但是随着时代的发展，现代物质文明已经开始融入远古物质文明中。"[①] 改革开放以来，"民族地区的扶贫政策演进大致分为：体制变迁带动、项目开发推进、八七扶贫攻坚、重点扶持特困地区和脱贫攻坚决胜五个阶段"[②]。当前，我国正步入乡村振兴新阶段。在两种文明的融合过程中，尤其在基础教育方面，凉山摩梭人已基本融入现代学校教育模式。

但是，在两种文明的交流碰撞中，难以避免地出现了一些问题。首先，受地域、文化等的影响，凉山摩梭人聚居区各方面呈现出发展不平衡不充分的问题，与发达地区的差距呈扩大趋势。其次，在学校教育文化、现代科学技术知识逐渐成为主流传播文化的过程中，导致该地区民族文化的传承和发展遇到一些障碍，尤其是日益发达的旅游业裹挟着外来文化的冲击，导致本民族文化正面临现代性危机。最后，受传统农耕方式和旅游业的影响以及人们环保意识淡薄，落实和加强当地生态环境保护已迫在眉睫。

（四）研究的目的与意义

1. 研究目的

首先，在本次研究中，我们采取访谈法，试图通过获取凉山摩梭人亲历者的口述史料来记录凉山摩梭人聚居区改革开放以来基础教育的变迁史。其次，针对摩梭文化发展过程中出现的问题，我们以基础教育为切入点，希望通过研究尝试给出解决建议。最后，在中国共产党第二十次全国代表大会召开之际，我们试图通过研究凉山摩梭人聚居区改革开放以来基础教育的变迁，来提炼出民族地区基础教育事业改革与发展的成效，并提出我们的建议，从而促进凉山摩梭人聚居区文教事业的全面、健康、高质量发展，并谨此向党的二十大献礼。

2. 研究意义

在理论意义上。首先，通过采访凉山摩梭人对改革开放以来基础教育的反馈情况，有利于找出党和国家在改革开放以来施行的教育政策在民族地区的普适性价值，并找出相关政策在施行过程中的经验和教训，以便于针对性地调整后更好地满足民族地区人民日益增长的美好生活需要。其次，通过研究当地基

---

① 张钰超：《摩梭人的民俗与服饰文化》，《赤子》（上中旬）2015 年第 8 期，第 103 页。

② 李天华：《改革开放以来民族地区扶贫政策的演进及特点》，《当代中国史研究》，2017 年第 24 卷第 1 期，第 61～70 页、第 127 页。

础教育情况，有利于助力当地基础教育的提质升级，推动凉山摩梭人聚居区人才振兴计划。再次，对民族问题的关注，有利于更好地继承、弘扬和发展摩梭人传统文化，保护民族文化多样性。同时，该项研究及成果，对于维护国家统一和民族团结，促进各民族共同繁荣具有深远意义。最后，我们在田野调查中对摩梭人进行调研走访，试图为现代口述史的发展贡献自己的力量。

在现实意义上。研究凉山摩梭人聚居区改革开放后基础教育的变迁，首先填补了摩梭人相关史料和地方志的空缺。其次，对凉山摩梭人聚居区基础教育现状的研究和解决方案的提出，有利于助力当地实现《盐源县国民经济和社会发展第十四个五年规划和二〇三五年远景目标纲要》，努力完成在“十四五”期间，九年义务教育巩固率由 99.52%增长到 100%，高中阶段毛入学率由 90%增长到 95%；在 2035 年前，高中阶段毛入学率达到 100%。在全面建成“五个盐源”基础上，打造产业兴旺、生态宜居、治理有效、人民幸福的秀美盐源，到 2025 年建成践行新发展理念的清洁能源示范区、城乡秀美文旅县、幸福生活品质城。①

二、改革开放以来凉山摩梭人聚居区基础教育的变迁

（一）物质文明变迁

1. 经济条件变迁

当我们采访一位 80 后学生家长杨先生时，谈到改革开放以来基础教育的变迁，他这样说道：

“像我们 80 后，改革开放的时候还小，就不怎么了解，但是知道国家越来越好，社会越来越发达，这个时候，已经基本上定型了，逐步的发展使这个国家越来越发达。我们那个时候，在山区里面，上学连鞋子都没有穿的，家庭条件不允许的就打着光脚去读书，家庭条件好的就穿一双迷彩鞋，现在啊，家庭条件好了，谁还穿那些，后面经济条件再好点，又变成回力鞋。随着旅游开发，条件越来越好了。”②

改革开放的红利惠及整个凉山摩梭人聚居区，家庭条件向着好的方向发展，支撑学生继续学习的条件也得到满足与保障。

① 四川省盐源县人民政府：《盐源县国民经济和社会发展第十四个五年规划和二〇三五年远景目标纲要》，2021 年 9 月 28 日。

② 引自“青狮摩梭行”访问学生家长杨先生记录稿，2022 年 8 月 10 日。

2. 教学环境变迁

在谈到当地老师刚进入学校工作的居住条件时，泸沽湖中学谈宁海老师这样描述道：

“刚参加工作的时候，我们学校的宿舍是完全不够的。男生寝室基本上还够，但是女生寝室是不够的，学生都是住在平房里面的。应该说男女生寝室当时都是不够的，只能两个学生挤在一张床位上面。教师宿舍的话，基本上没有，都是由学生宿舍改造而来的。我们当时的校长，就住在自己的办公室里。我和我的一个同事以及我们学校的一个副校长，我们三个住在一间废弃的电脑室里边。”①

从谈老师讲述时微微皱眉的神情来看，当年的住宿条件一定很艰苦，学生和老师的宿舍都很难保障，而到了今天，学校的宿舍彻底变了新面貌。

“我觉得相比以前，我们现在的住宿条件已经得到极大的改善，不管是学生宿舍还是教师宿舍，数量上是完全足够的，基本上达到了老师每个人有一间房，而学生的话，每个人都有一张床位。除此之外，师生在生活上用水用电都非常方便。学生宿舍的变化，我觉得挺大的。首先，主要体现在规模数量上；其次，他们日常生活中用水用电越来越方便了；第三，学生晚上上厕所、洗漱都非常的方便，女生寝室每间都有专门的厕所，男生寝室每间旁边都设有专门的厕所。除此之外，在宿舍里边，也有专门的地方供他们晾晒衣物以及放置他们的个人物品或洗漱用品。”②

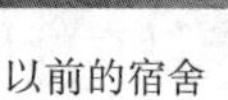

以前的宿舍

现在的宿舍

除了宿舍之外，教室也发生了巨大的变化。

“学校教室被全部重新粉刷过，所有的门窗都已经重新更换了，整个教室

---

① 引自“青狮摩梭行”访问谈宁海老师记录稿，2022年8月9日。

② 同上。

看起来更加的宽敞和明亮，教室里面的挂钟以及黑板也是重新更换的。我的感受是，现在相比以前的话，学生和老师使用起来都更加方便。”①

1998年从业的泸沽湖小学陈志勇老师也同样提到了学校的新变化。

“我是1998年到这个学校教书的，所以感觉这十几年间，学校的校风校貌、校舍建筑还有教育教学理念和教学方法都有变化。比如说从校风校貌来看的话，提倡建设摩梭文化是李校长开始的，他很注重我们学校的民族文化融入这块。校舍有新增，以前我来的时候，就只有最西边的那栋教学楼，叫德美楼，紧接着几年以后就有了育英楼和明正楼。同时，教师宿舍相较以前也有很多新的变化，以前是管理方面、环境卫生都比较差。经过几任校长的努力，加之政府对教育的高度重视，脱贫攻坚、控辍保学等都跟教育教学挂钩了。政策实施后，校风校貌、教师的精神风貌和教学理念，我觉得都有一个非常大的变化，特别是有助于学校摩梭文化的融入。另外在书法教育课外活动当中，我们搞了课后服务，课后服务的重点是建兴趣班，注重对学生特长和兴趣爱好的培养。这些都是新的变化，不像以前纯粹只讲分数，而是尽量地向着学生靠近，为学生的全面发展着想，要让每一个学生都受益。就是这样的一种经验在慢慢运作，我觉得学校这几年来一直朝着一个好的方向在发展，趋势很好。”②

陈老师向我们讲述了教学环境变迁的方方面面，并从政策的施行到教学观念变化，分享了学校教育出现的新面貌。

“以前我们一支粉笔、一张嘴就上课了，现在则更提倡多媒体教学。”③

另外，教学形式也随着时代的进步、科技的发展和经济的腾飞而发生着改变。

3. **生源质量变迁**

在当地教育发展变迁的过程中，也出现了一些问题，比如学校生源质量有所降低。谈宁海老师介绍道：

“我觉得在受教育的过程中，学生的成绩、他们的个人行为以及个人生活习惯其实都有巨大的变化。我刚开始教书的时候，总体来讲，学生的成绩比现在要好得多。现在，由于优生与差生的差异越来越大，再加上招生过程中优生的流失，导致我们现在所教的学生成绩要相对差一些。以前很多学生，他们的生活习惯其实也算说得过去，但在某些方面还存在很大的问题，所以对他们不仅是要传授文

---

① 引自“青狮摩梭行”访问谈宁海老师记录稿，2022年8月9日。

② 引自“青狮摩梭行”访问陈志勇老师记录稿，2022年8月11日。

③ 同上。

化知识，更多的时间和精力要用来改变他们不良的生活习惯和生活理念。”①

（二）精神文明变迁

1. 教学观念变迁

在被问及改革开放以来教学观念和教学内容的变迁时，陈志勇老师说：

“以前采用的是传统的教学方式，主要是通过教师的言传身教让学生学到知识，而现在追求的是目标教学。当前，在教学关系中更强调从以老师为主导转变为以学生为主体，将知识与技能、过程与方法、情感态度与价值观三维目标有机融合，形成了新的课改理念和教学方法。所以说，教学目标和教学理念都在不断变化，现在更加注重学生的学习能动性，教师的主要任务是有效促成学生主动自主学习，而不是被动强迫式学习。这种观念正在教师群体中逐步形成并得到推广。”②

可见，教学观念和教学方式融入了新的教改理念，从以教师为主导变为以学生为主体，充分发挥学生的主观能动性，体现了教学内容、教学模式和教学方法上的进步。

2. 教育补贴政策

为了了解当地的教育补贴政策，我们采访了 31 岁的中共盐源县泸沽湖镇舍垮村党总支副书记杨吉宇。杨书记向我们介绍了舍垮村独特的教育补贴政策。

“我们村开展教育扶持和凉山片区其他村的差异在于成立了一个爱心教育基金会，捐款的包括一些社会上的人，还有村民自己觉得手里面比较宽裕的。我们每年春节会举办一个春晚，这种文化活动上有体育赛事。春节联欢晚会主要就做两件事情：一个是募捐，来参加晚会的人和各大群体，被告知有这个爱心教育基金会，如果在能力范围内，愿意的捐点款。第二个就是给今年考上高中大学的孩子发放教育基金，像一般的职高我们发 100 元，民中盐中（盐源中学、盐源民族中学）200 元或者 300 元，大学一本 5000 元，二本 3000 元，多少都是对学生孩子的支持。这些钱对困难家庭还是有帮助，只是说帮助可能有限。”

除了在经济上进行补贴以外，舍垮村更是对学生进行了深入的思想教育。

---

① 引自“青狮摩梭行”访问谈宁海老师记录稿，2022 年 8 月 9 日。

② 引自“青狮摩梭行”访问陈志勇老师记录稿，2022 年 8 月 10 日。

“我们会召开一个专门的会议，相当于一个感恩教育。钱是一方面的，我们会告诉他们这是村民和社会人士的一个帮助，你们以后也要把这个爱心传承下去，这是一点。第二点呢，我们也要告诉他们，你从这片土地出去，以后有好的条件了，在外面发展也是建设家乡，如果你愿意回来发展，我们也是欢迎的。有些孩子可能从那一瞬间就有一种情怀了，有些孩子他可能就会想，如果让我来建设这个家乡，我会结合实际做些什么。不管他以后有没有回来，他能有这样的想法就是不错的了。我们发放爱心教育基金的同时，也会给他们一些作为过来人的建议，告诉他们在外面可能会遇到什么，包括哪种形式，结果会变成什么样，他们不懂这些，很多家长也不懂，到学校里面容易被有些东西误导，这么多年的学习就白费了。我们还会告诉他们有关于学习的兴趣小组、读书会、学生会这些组织，鼓励他们积极地去参与；给他们说可以考英语、普通话等级，考驾驶证等等。做一些毕业以后志向相关的铺垫，给她们提供合理的建议和意见，让他们自己去选择，比如说大学生志愿服务西部计划、三支一扶、选调生、大学生村官、应征入伍，道路条条，但要自己清楚知道并且提前去筹划。我们每年开会的时候，我说得也比较多，我以前在学校担任过学生干部，也经历过很多事情，这么多年看到这些教育方面的各种情况，再加上我自己也是双创导师，去学校能够看到很多现状和变化，趁这个机会把我们考虑到的讲给这些毕业的学生听。教育这块，我们村上能做到的基本上也就是这些事情。”

除了小学教育、中学教育和高等教育，舍垮村同样重视幼儿教育。

“再有呢，是幼教，以前呢是有一个‘一村一幼’，今年还是存在，但是换了一种方式，以前是学校和我们村上共管，今年交给学校了。以往在我们村上这个幼教点，只要他们需要，我们都会力所能及地去满足，包括爱心午餐。以前我们是没有午餐的，就让家长轮换做饭，当时有58个孩子，两位家长轮换负责打扫卫生、做中午饭和照顾孩子们。自己家长做的饭很放心，当时没有钱，请人请不了，我们村也就只好力所能及地去帮助孩子。这个呢，是生活上的帮助，因为我们发现小孩子去上学，书包里面装的都是辣条零食，都是些很生冷的东西。牛奶鸡蛋是国家配的，一直吃这个，家长也觉得太单一，自带的东西也不太行，于是我们就搞了爱心午餐。现在搬过去了，政府也重视，也请了人去做饭。幼教点这边，我们也找了很多外面的资源，第一届的时候与我们村上的一个年轻人一起做了很多的策划，其中有一个众筹，在盐源片区村办幼小里面最先有床的学校众筹了几十张床，孩子们就有了睡觉的地方，到前两年很多地方的人过来考察。”

讲到这里，杨书记早已动容。

“这个就是我们村上的爱心教育基金会对于我们的一个高中生的教育成果，他想我能为这个村上做什么，然后就通过众筹的方式实现了，其实这也是一种爱心的传递。如果你只是给他们讲要好好读书，但是读书的目的和意义是什么？你读好书以后，你的价值、你的意义、你的发光点、你的能量又在哪个地方，可能他自己都不是很清楚。所以我们只会告诉他们，你成绩好的，你继续努力。我们也只能这样子告诉他们，我们帮不了他们什么实质的东西，不管成绩好与不好，都要服务国家、贡献社会，我们传递的就是这样一个信息。我们目前在教育方面能做的也就是这些。”

面对教育方面存在的缺陷，即使杨书记他们绞尽脑汁，但仍面临着许多问题。

“我们也想过从社会资源，从三下乡、支教这些想办法，但是存在几个问题。一个问题是人来了需要一个场所吃住，但我们基层没办法解决。还有一个就是我们现在正发起一个‘共享图书屋’，共享图书呢，我会专门装一个图书室，任何人都可以过来看，免费看。现在有这个想法的，已经有五六个人了，我们还想通过这个平台，将书本知识、多媒体这一块加进来，核心目的就是要把周边人群的学习环境和氛围搞起来。再有一个呢，就是我们想把有志于这方面工作的年轻人激发起来，让他们为当地的乡村教育做出点贡献，尽一分力量。比如说我前两天看了一本书，就是《价值》这本书，我觉得其内容含金量很高，于是把它放在经济创业这个专栏里面。这本书比起很多我们在网络上买到的‘心灵鸡汤’高出好几个档次，那么它就是有意义有价值的东西了。比如从医疗卫生上面说，我在自学中医，中医书都有几百本，那我就可以把这个中医书拿出来分享，你对这个有爱好有追求的，就可以借走去研究它，这对当地的医药健康知识普及其实也是有帮助的。这是从某一方面来讲，说到刚才提的核心价值，我们这群人现在都是一些创业青年，那么我们想的是通过这个门槛去识别有没有这种想法的，既然你到这个地方来了，你肯定是有这方面的一些爱好和志向，慢慢地，我们把它发展成会员制，我们简单地搞一些讲座、交流，关于文化方面、医疗方面、创业方面，比如说我们现在很多年轻人，像你们这样的，我们就很缺，我们坐在一起，从你们的角度，用你们自己的方式去看待一个事情，包括我也是，从另外一个方向去看待一个事情。包括市场，我们去创造一个新东西的时候，大家是否也是可以有目标、有想法地去做。有些人他是只有钱没有头脑的，那我们可不可以把这个策划方案做好了之后，让他来出钱做这个事情，大家这样彼此互补，形成一个团队。现在我们周边关于文化方面、医疗方面的土专家很多，那我的想法是我们会提前发布一个公告：某天，我们会有一场某位老师关于某方面的一个交流会，你可以自愿报名，但是有可能我们会收一个清茶费，就是一杯茶钱，我们会用来给这个讲课老师作为报酬，包括一个来回的车费，因为成年人和我们青年人不一样，毕竟他们家里面有妻子、孩子。我刚刚打广告的那个地方，其实一间就够了，但是我做了两间，因为我把梦想和情怀投在里面，如果你们也和我一样，我免费提供给你们作为办公场地，你去那儿，我给你交水、电、网费。其实在教育方面我们能够做的也就这么多，其他方面的很少，想法很多，但心有余而力不足，有很多时候想把外面一些学校的支教团队引过来，但是目前还是有一些困难在的。”①

从杨书记的话中我们可以切身体会当地村干部全情投入脱贫攻坚、乡村振兴事业的情怀，他们在这里奉献着青春，并力图利用现有的资源，想尽一切办法为当地乡村教育发展寻找机遇和突破口，但他们仍面临着许多亟待解决的问题。

3. **婚嫁观念变迁**

我们对当地老师进行再访时，当被问及摩梭人的历史文化、风土人情与当代的教育如何结合时，陈志勇老师介绍说：

“摩梭人的宗教信仰包括本土宗教达巴教和藏传佛教，他们信仰非常虔诚，当地会经常举行宗教活动，而学生自然而然会因此受到一定影响。说到文化传承，随着经济的不断发展以及与外界社会频繁交流，现在摩梭人的生活观念和文化消费观念等都已经发生了巨大的改变。”②

4. **性别观念变迁**

我们再访当地老师时，向他们请教了学生家庭教育的变化，陈志勇老师介绍道：

“摩梭人以前实行母权制这种家庭制度，但是在当代这种属于母系氏族社会的制度已经名存实亡了。然而受传统文化的影响，女性在摩梭人的家庭中地位还是比较高的。不过，在后代教育的问题上，无论男女，摩梭人都一视同仁、平等对待。”③

我们看到，摩梭人母权制的家庭形式已经名存实亡，男女平等的观念贯穿于家庭教育中。

---

① 引自“青狮摩梭行”访问杨吉宇书记记录稿，2022 年 8 月 11 日。

② 同上。

③ 同上。

5. 民族融合趋势

我们知道，盐源县泸沽湖镇属凉山彝族自治州，那么泸沽湖镇的摩梭人难以避免地会和当地彝族发生文化交流，因此我们向当地老师询问了彝族和摩梭人的交流情况，陈志勇老师介绍道：

“摩梭人和彝族都属于少数民族，他们在当地实际上是混居的，深受对方文化和习俗的影响，所以很多的民族传统和文化节日，大家基本是相同的。”①

由此可见，当地的两个民族处于混居的状态，两者相互影响，在基础教育领域也同样呈现出民族融合趋势。同时，当地少数民族与汉族融合的趋势也在增强。

三、变迁过程中产生的问题分析

（一）民族融合与民族文化保护之间的失衡

在经济不断发展和社会日益进步的今天，特别是互联网应用及影响的深入，摩梭人的文化传统与习俗不可避免地会对外来文化进行主动选择吸收或被动适应，摩梭人正在发生着巨大的变化。

从政府宏观角度看，教育脱贫成为当地共识。政府扶贫既要授人以鱼，更要授人以渔。在采访中谈宁海老师说道：

“学校教室被全部重新粉刷过，所有的门窗都已经重新更换了，整个教室看起来更加的宽敞和明亮，教室里面的刻钟以及黑板也是重新更换的。我的感受是，现在相比以前的话，学生和老师使用起来都更加方便。”②

当地教育基础设施建设日益完善，其数量、质量上都有所提高，这一切离不开政府的帮助。政府的支持是乡村教育振兴的有力保障，为促进教育振兴和改善乡村教育面貌，当地政府加大对乡村老旧学校的改造力度，及时发放并保障教师各项待遇，有力助推了本土教育的发展。

不过值得注意的是，当地从业者盲目创新旅游项目，过度开发旅游资源，致使一系列代表当地传统文化的民俗展演“变味”，淳朴民风也随之改变。

从学校教育角度看，为推进乡村教育高质量发展，从采访中我们了解到当地学校在素质教育中融入了生态保护、森林防火、普通话、民族文化等课程内容，正在着力追赶城市教育水准。让教育发展和乡村振兴相互促进，构建高质量、普惠型、可持续的乡村教育体系，这种做法值得肯定。但当地也存在一味

---

① 引自“青狮摩梭行”访问陈志勇老师记录稿，2022年8月11日。

② 引自“青狮摩梭行”访问谈宁海老师记录稿，2022年8月9日。

追求升学率，对少数民族学生开展本民族文化传统教育重视程度不够的问题。有些从山里走出去的青年在毕业后到城里去打工或追求更高深的学问，逐步适应了城市化、工业化、现代化的社会生活，不再回到传统的聚居地，即使回来也对摩梭人的传统生活方式不适应了。那么问题随之而来，长此以往，摩梭人的非遗文化由谁来传承？

从市场经济与文化繁荣角度看，当地旅游开发带动经济发展，为村民提供就业，基础建设日益完善，各族文化在此交融传播。在采访谈宁海老师时，他说道：

“摩梭人主要生活在泸沽湖周围，泸沽湖又属于我们国家的4A级风景区，受外来游客的影响，特别是生活在泸沽湖周围的摩梭人受外来思想的影响较大，导致当地民族文化的很多方面都在发生改变，一些古老传统习俗渐渐消亡，当地人逐渐接受了外来新鲜事物，他们的思想观念相比以前更加的开放。”①

代表摩梭文化的民族服饰、传统风俗通过旅游业从泸沽湖“走出去”了，同时与外界的频繁交流也“引进来”许多现实问题，比如当地脆弱的生态环境可能不堪重负，摩梭人传统的生活方式和特色民俗逐渐消失，等等。谈宁海老师认为：

“社会变迁、经济发展、市场机制影响的范围和力度加大，这些必然要带来生存方式的整体改变，尤其是在山地民族的旅游开发中，外来的社会经济文化对本地文化的影响和冲击几乎是无处不在的，既要发展经济又要保护传统似乎成了一种两难的选择。”

（二）乡村振兴人才需求与人才供给之间的失衡

在就当地人才教育培养与振兴发展相关问题采访谈宁海老师时，他说：

“我刚开始教书的时候，学生的成绩比现在要好得多。现在，由于优生与差生的差异越来越大，再加上招生过程中优生的流失，导致我们现在所教的这些学生成绩要相对差一些。以前很多学生，他们的生活习惯其实也算说得过去，但在某些方面还存在很大的问题，所以对他们，不仅是要传授文化知识，更多的时间和精力要用来改变他们不良的生活习惯和生活理念。”②

因经济和社会文化事业发展相对落后，加之受“城市中心论”影响，当地

---

① 引自“青狮摩梭行”访问谈宁海老师记录稿，2022年8月9日。

② 同上。

留下的老师、学生逐渐减少，质量逐步下降，已经出现农村教师结构性缺失、老龄化严重等问题，城乡教育差距进一步拉大。同时，从采访中我们了解到当地还没有与城市对接的网班，无法享受到城市的教育资源。另外，原生家庭陈旧的教育观念进一步阻碍了农村地区义务教育的普及，读书无用论由家长灌输到下一代，对子女教育产生巨大的负面影响。

根据中共四川省委组织部等七部门联合印发的《四川省乡村人才振兴五年行动实施方案（2021—2025 年）》（以下简称《方案》），四川省将连续五年统筹实施一批重点人才项目，推动人才智力向产业发展、乡村建设、基层治理一线集聚，为全面开启“十四五”乡村振兴新征程提供坚强人才支撑。这说明四川省对于乡村振兴人才支撑十分重视，但是当地人才缺乏的问题貌似难以解决，让人不禁深思其中原因。通过访谈当地居民，我们了解到当地并不是没有人才，摩梭人聚居区环境优美，文化源远流长，底蕴丰厚，在这样的条件下生活工作的摩梭人自然不会是愚钝之辈，称得上地灵人杰。进一步深入了解，我们团队终于找到了本地人才匮乏的原因，概括为一句话“本土的回不来，外地的留不住”。简要解释，就是本土的人才在外学习与工作后不愿回乡，外地来的人才当地又没有足够的吸引力将其留住。人才是经济社会发展的第一资源，乡村要想振兴必然离不开人才支撑，因此，这个问题如何解决，需要省、州、县、镇各级政府、机构以及热爱摩梭文化的我们深入思考。

（三）职业教育与普通高等教育之间的失衡

在采访中谈宁海老师还介绍道：

“我们这里的学生离开之后，其中一部分去学习技术，以后从事技术工作，另外一部分学生进了工厂，在工厂里面打工。”[①]

普职分流政策让 50％的人上普通高中，50％的人上职业高中，这优化了教育资源，实现因材施教，也有效对接了社会人才机构，让各有所长的人才充分满足国家建设、社会分工的需要。但是在该政策实施的过程中，也给当地带来了一些无法避免的问题。首先，为追求高质量教育，越来越多的父母选择迁出当地，让孩子去城里求学，从而导致本土教育陷入恶性循环，生源越来越差，优秀教师不愿来更无心留，教育质量急剧下降。其次，当地培养出的学生最后大多进了工厂，加剧了当地的阶层固化，人员流动不断降低。

通过访谈我们得知，当地很大一部分青少年都在职业学校学习技术，这无

① 引自“青狮摩梭行”访问谈宁海老师记录稿，2022 年 8 月 9 日。

疑是顺应当前“普职分流”的大趋势的，但它真的完全满足当地人才需求现状吗？是否能适应摩梭未来经济社会的全面发展。

泸沽湖镇是因湖而生、因旅而兴的美丽小镇，泸沽湖镇党委政府目前正全力配合景区打好5A创建攻坚战，力争把泸沽湖创建成国家5A级旅游景区，打造凉山文旅产业“新名片”。据了解，2017年四川泸沽湖景区接待游客115万余人次、增长29.8%，旅游收入12.88亿元、增长41.1%，创历史新高，占比总收入非常高。而2019年，泸沽湖镇工业企业仅有12个，工厂较少，产业支撑不足，职高生无法在本地就业，只能外出打工。经过多年培养出来的技术人才无用武之地，远离家乡奔波各地，这在一定程度上显现出普职分流的劣势。过于重视职业教育，自然就可能忽视普通高等教育，这无疑会加剧职业教育和普通高等教育之间的矛盾。高等教育对社会发展起着巨大的促进作用，它服务科技，培养人才，为整个社会提供技术支撑和高素质人力资源，是社会发展的重要依靠和动力之源。当地要想实现高质量发展必须要有与之对应的技术和人才，缺了高等教育无法实现。因此，如何处理好这对矛盾是我们必须思考的问题。

四、解决问题的措施

党的二十大报告指出，全面建设社会主义现代化国家必须坚持中国特色社会主义文化发展道路，增强文化自信，围绕“举旗帜、聚民心、育新人、兴文化、展形象”建设社会主义文化强国，发展面向现代化、面向世界、面向未来的，民族的科学的大众的社会主义文化，激发全民族文化创新创造活力，增强实现中华民族伟大复兴的精神力量。当前，泸沽湖地区面临基础教育发展不平衡不充分以及民族文化传承与发展危机、生态环境危机等问题，需要政府和大众共同参与，大力促进当地经济发展、教育振兴、民族文化保护、旅游开发和环境保护等。

（一）针对民族融合与民族文化保护之间的失衡问题

虽然目前摩梭人的传统文化尚未发生根本性的改变或遗失，但可以看出正在发生着剧烈的变化，正确地认识其文化变迁的原因与结果并提出相应的建议就显得非常重要了。促进少数民族地区经济社会发展，提高少数民族地区现代化水平固然重要，但也要确保当地文化遗产不遭到破坏，要在发展中搞好保护，在保护中促进发展，在继承中推动发展，在发展中坚持继承，要将保护与开发有机地结合起来。我们要在发展旅游产业的同时，注重生态文明保护，注重少数民族传统文化保护，按照科学发展观以人为本的要求，秉持“绿水青山就是金山银山”观念，合理有序地进行民族村寨的旅游开发。

（二）针对乡村振兴人才需求与人才供给之间的失衡问题

针对乡村振兴人才需求与人才供给之间的失衡问题，当地政府已采取了一系列措施，如：成立专门人才领导小组，实施人才强企工程，提出“积极引进人才、加强科学培训、实行储备管理、注重生活关爱、强化典型宣传”五措并举强化人才战略。除此之外，本文拟提出以下建议措施用于解决人才供给失衡问题。

第一，政府搭建平台，出台人口资助项目。经济基础决定上层建筑，人才留不住，根本问题出在经济，为此，要坚定不移以经济发展为中心，将其作为解决人才问题的根本途径。政府要为经济发展做好顶层设计，从产业发展、转移就业、教育扶持方面入手，配套出台相应的人口资助项目。政府还可以从旅游推广、直播带货和帮助小微企业办工厂等方面为经济发展和人才振兴搭建服务平台。

第二，完善教育内容，培养民族文化热爱。“教育兴则民族兴，教育强则国家强”。如果摩梭人自己都不热爱自己民族的文化，缺乏民族文化认同感，那么如何留得住人才，又如何引得来人才呢？因此，在当地基础教育中应该增加对民族文化内容的学习，修改完善课程设置，注重培养热爱认同本民族文化的人才，让他们自觉自愿去保护、传承和发展本民族文化，为本民族文化的永续传承和发展尽一份力。

第三，加强文化宣传，吸引外来人才流入。在解决了怎么留住人的问题后，如何引进人成为接下来要思考的问题。摩梭文化这一古老而又独特的文化本身带有极强的感染力和吸引力，做好文化宣传，形成文化品牌效应，才能吸引更多对摩梭文化感兴趣的人才来到当地。在教育方面，要加强校地合作，开展顶岗支教，吸引更多优秀老师愿意到本地来工作。

（三）针对职业教育与普通高等教育之间的失衡问题

如何重构和推行真正高质量的中职教育，是当地急需思考和解决的问题。我国在当前实施“普职分流”政策是理智和科学的，国家鼓励发展多种层次和形式的职业教育，着力提升职业教育认可度，建立健全职业教育体系，深化产教融合、校企合作，完善职业教育保障制度和措施。同时，要想顺利实现“普职分流”，有效改善我国人才结构比例，还需要全社会集思广益、积极参与。

我们认为，在摩梭人聚居区可借助当地旅游资源与民族特色开设有助于振兴当地旅游产业的学校和专业，利用当地职业高中培养学生成为“合格导游”，具体做法是在提供导游资格证考试课程教学的基础上，增加学生从事独立导游的职业技能课程，让其在拥有专业知识的同时，对业务链条乃至整个行业有切实全面的认知，比如到当地景区景点讲解，去旅行社体验，接触金牌导游，去旅游企业教学实习或毕业实习，参与跟团并独立带团等等。同时，也可以开办一些村播学校，教授学生如何利用直播带货帮助售卖当地特产以及运用短视频宣传推广当地的文旅资源。开展针对性有特色的职业教育，既能解决当地经济社会发展缺乏专业人才的问题，又能有效稳固本地人力资源，做到尽量不流失。

五、总结

团队以“走近泸沽湖：回望摩梭人聚居区四十年基础教育发展史”为课题，通过调研寻访发现，目前摩梭民族文化的传承与发展面临着三大矛盾，即：民族融合与民族文化保护之间的矛盾，乡村振兴人才需求与人才供给之间的矛盾，职业教育与普通高等教育之间的矛盾。本次调研旨在了解分析泸沽湖地区摩梭人现状，以及具有本土特色的摩梭文化在当地发展冲击下的流失情况，以乡村文化振兴为背景，通过走访与调研得出解决问题的具体建议措施。通过不断采访回访多位不同职业的当地人，本小组发现以上研究结论都是普遍存在的，并被多位受访者提到。另外，调研得出结论也与国家出台的相关政策相呼应，例如：教育部出台的中考学生普职分流政策，教育部关于让外来务工者随迁子女都能公平享受九年义务教育的建议，《国家中长期教育改革和发展规划纲要（2010—2020 年）》中规定在县域内基本实现城乡教育一体化发展等。

本次调研通过发现三对矛盾问题，有效地研究分析了少数民族地区的教育现状，为其今后的发展做好了充足准备，为政府的决策和政策调整提供了依据。

在采访最后谈海宁老师表示：“改革开放这四十年，泸沽湖地区发生了如此大的变迁，那下一个四十年我们必将扶摇而上。”① 如何阻断贫困代际传递，发展教育扶贫，重塑摩梭文化自信，助力乡村振兴，机遇就在当下。如何在当地教育中传播并讲好中国故事，讲好中华民族共同体的故事，推动各民族文化

① “青狮摩梭行”访问谈宁海老师记录稿，2022 年 8 月 9 日。

创造性转化、创新性发展，促进各民族交往交流交融，凝聚起“建设美丽泸沽湖，共圆伟大复兴梦想”的磅礴力量，加快实现“两个一百年”奋斗目标，我们负重而致远。

到2035年，我国将总体实现教育现代化，迈入教育强国行列。当前，以泸沽湖为核心地的摩梭人聚居区正积极响应党的号召，怀揣“为党育人、为国育才”的初心，积极开展乡村教育振兴行动，以振兴乡村教育赋能教育振兴乡村，并作为头等大事来抓。过去四十年，摩梭人聚居区文教事业不断发展，其时已至，其势已成，其风正劲。相信未来四十年，摩梭人聚居区乡村教育振兴也必将日新月异，扶摇万里。

作者简介：

谈鲜，女，四川师范大学思想政治教育专业2021级本科生。

杨昱洁，女，四川师范大学思想政治教育专业2021级本科生。

徐俊兰，女，四川师范大学思想政治教育专业2021级本科生。

潘淇淇，女，四川师范大学思想政治教育专业2021级本科生。

林治学，女，西南科技大学生物医学专业2021级本科生。

聆听大山声音：改革开放以来云南昭通地区乡村教育的变迁

——李正藻老师访谈录

陈刚荣　凌　曦

访谈人物：李正藻

访谈者：陈刚荣　凌曦

访谈时间：2022 年 2 月 21 日、2023 年 2 月 4 日

人物备注：

李正藻，男，1956 年生，云南省昭通市昭阳区北闸镇塘房村人，中师学历，小学副高级教师。他于 1977 年进入乡村小学教师队伍，曾先后在新田小学、塘房小学任教，2016 年退休。李正藻老师扎根基层三十九年，经历了二十年的代课生涯，后转为正式教师，他见证了塘房小学的从无到有，可谓塘房小学"创始人"之一。李正藻老师任职期间一支粉笔两袖清风，三尺讲台四季耕耘，送走了一批又一批的乡村学子，为昭阳区的乡村教育做出了巨大贡献，多次被评为优秀教师、先进教育工作者、优秀教育工作者。

2022 年 2 月 21 日访谈现场　　2023 年 2 月 4 日访谈现场

摘要：乡村要振兴，教育要先行。近年来，乡村教育问题越来越成为教育行业关注的热点话题。由于云南地理位置偏远，教育资源相对匮乏，教育发展相对落后等原因，人们对云南乡村教育问题的研究还不足。为此，本文以云南三大文化发源地之一的昭通地区为研究对象，采用访谈法进行调研分析，发现物质条件匮乏、教师身兼数职、家长教育理念落后等问题是导致昭通地区乡村教育发展现状不理想的主要原因。为解决上述问题，本文在真实记录改革开放

前后昭通地区教育发展变化的同时，提出了需关注农村薄弱学校，加大师资力量投入，推广科学教育理念等解决措施，期望借此推动该地区乡村教育持续向好发展。

关键词：昭通地区；乡村教育；变迁；口述史

一、绪论

（一）研究背景

昭通市，位于云南省东北部，地处云、贵、川三省结合部的乌蒙山区腹地，金沙江下游沿岸，坐落在四川盆地向云贵高原抬升的过渡地带。截至2022年，昭通市人口631万人，是一个集“山区、革命老区、民族散杂区”为一身的地级市。昭通市历史上是通向四川、贵州两省的重要门户，是中原文化进入云南的重要通道，是云南三大文化发源地之一。昭通市为中国“南方丝绸之路”的要冲，素有“锁钥南滇，咽喉西蜀”之称，既是云南连接长江经济带和成渝经济区的重要通道，也是内地通往南亚、东南亚和云南通往内地的双向大走廊。由于环境、经济等历史成因，昭通市教育起点比较低，教育基础设施相对落后，教育发展不充分，人才流失比较严重，当地乡村教育情况更是堪忧。基于此，本文以改革开放后昭通地区乡村教育的变迁为主题，选择历史悠久、底蕴深厚、特点鲜明的昭通市昭阳区开展乡村教育调研。

（二）研究目的

首先，为了使本文做到最大程度的求真与致用，研究主要采用访谈法，即晤谈法，期望通过与当地乡村教师的实际交流与沟通，力求将改革开放以来云南昭通地区乡村教育的发展与变化真实记录下来。其次，针对昭通地区乡村教育变迁中出现的问题，本文尝试通过听取亲历者的建议，结合教育政策的施行提出相应的解决措施。

（三）研究意义

在理论意义上，本文视角着重于改革开放以来云南昭通地区乡村教育发展的动态研究，以塘房小学的发展变化为着眼点，运用口述史的方法向人们展示改革开放以来昭通地区乡村教育的发展。不同于以往的静态研究，本次调研深入田野，通过多次实地走访，在语言的力量中感受乡村教育发展的历程，发现乡村教育发展过程中存在的问题并提出可行的建议措施，发挥质性研究的独特优势。

在实践意义上，本人通过查询大量文献和文章，发现目前关于改革开放以来乡村教育发展的研究较为稀少，故本研究基于教师自身的角度，通过与目标教师的深入对话，力求揭示改革开放前后本地乡村教育的发展变化，以期为乡村教育的完善与发展提供经验借鉴。

二、改革开放前后昭通地区乡村教育的变迁

（一）一点一滴，从无到有

通过访问亲历者有利于增强调研的真实性和可靠性。我们几经周折采访到了塘房小学“创始人”之一李正藻老师，向他了解昭通地区乡村教育最初的发展情况。

“当时的条件当然是很差的！比如在 20 世纪 70 年代，学校连饮水都成问题，更不要说洗手了。那么，当时的饮水问题是怎么解决的呢？就是教师轮流安排学生去水井里面抬，自来水更是从来都没用过了。后来在生产队集资修建学校时，当时学校的校长曾老师为了解决学生的用水问题，就自己在学校里面挖水井，遇到下雨天把雨水引到水井里收集起来，再过滤一下，这样学生才有了喝的水和用的水。再比如教室里的地面也是坑坑洼洼的，扫地的话不仅灰尘会很大，而且多扫几次地面上的坑就越来越大，很容易把板凳弄烂。为了不让板凳容易坏，教师就带领学生到河里面盘（方言，搬运的意思）沙，盘好以后加一点水掺进沙里在教室里面铺开，再让学生带一些木板子来学校，由老师和学生共同把地铺平，铺紧实，这样学校教室里面的桌椅板凳使用时间才比较长一点。再比如，当时的教室房顶面上是瓦片，瓦片一梭（方言，滑走的意思）开就容易漏雨，为了解决这一问题，老师就在周末或假期的时候上房捡（方言，检修维护的意思）瓦片。我们那个学校的条件真正变好是从 1996 年开始的，塘房小学新校舍正式开建，我们 1997 年的时候才搬进去，这样我们终于有了砖混结构的教室。现在想来，那个年代的条件，真的太差了！”①

褴褛筚路，玉汝于成。乡村教师们以聚沙成塔的顽强毅力和任劳任怨的大无畏精神开拓了乡村教育前行之路。当我们询问学校的现状时，李老师身子往后一仰，双手环抱在胸前，似乎松了一口气。

---

① 引自第一次访问李正藻老师记录稿，2022 年 2 月 21 日。

“那当然是一个地下一个天上了！我从 1977 年开始任教，到 2016 年退休，一共教了三十九年的书，学校发生了翻天覆地的变化，现在的宿舍楼是专门修的，比较标准的，里面有床位，还有被子，都是学校统一采购的，学生只需背着书包走进学校，把床一铺就可以在里面心无旁骛地上学了，宿舍的每一层楼还配有一个宿管对他们的生活进行管理。现在的学校是相当的规范了！”①

由此可见，当改革开放、经济发展的浪潮波及昭通地区乡村教育时，乡村学校的物质条件得到巨大改善，成为该地区乡村教育生气蓬勃的后方保障。

（二）一身两役，负重致远

在了解了乡村教育的诸多来之不易后，我们进一步谈到当时乡村教师的工作情况，李老师叹息道：

“哎！在刚开始教书的时候，因为工资很少，完全养活不了家庭，所以我们都要赶早去挖地、做农活，挖完地之后又赶去上课，上完课又要赶回家，回家再抽时间去挖地、搞生产。因此，当时的代课教师和民办教师不能谈工资，唯一能说的就是奉献精神。”②

上班农活两不误，是李老师多年教学生活的真实写照。此外，我们有幸采访到另一位在塘房小学（旧址）任教的李世权老师，他也提道：

“当时我除了白天在学校教书外，还要负责村里的扫盲工作。在以前的农村，有很多人都不识字，因此，国家就要推行‘普六’，就是普及六年制义务教育，扫除青壮年文盲。那我们平时学校里面的教学形式是怎么样呢？就是晚上上夜校的形式，有些村民的家离学校比较远，然后我们教师就自己带上一块黑板，到村子里面村民相对集中的地方教课。当时条件很艰苦，用电也不方便，所以我们用的是手电，用手电筒照着黑板，然后教师在黑板上写字教村民们，这就是‘移动的教室’。当时我们就用自行车驮着黑板，带着三五个教师，一夜一夜地做工作。”③

两位老师用只言片语就描述了自己的工作，但从字里行间我们都可以看出当时的乡村教师工作生活有多么艰辛。由此，我们不免疑惑地追问，是什么支撑着艰苦条件下的乡村教师们坚守在这一行业？李正藻老师目光如炬地回答道：

---

① 引自第一次访问李正藻老师记录稿，2022 年 2 月 21 日。

② 同上。

③ 引自访问李世权老师记录稿，2022 年 2 月 27 日。

“第一想着的是可以为本村的家庭服务，为本村效力，为本村培养娃娃。因为在那个时候教书是没有什么报酬的，我们稍微有点能力的就要尽力而为，说到底是为国家培养人才。并且那个时候才读完书出来，刚参加工作，人也很年轻，就觉得自己有使不完的劲，一天从头到尾教一个班，总觉得跟那些小孩在一起，想把自己知道的所有都教给他们。说到这里，我还是挺欣慰的，在这个春节，我有两个学生，他们一对夫妻都在云南大学教书，特地找到我，和我聊天的过程中说，当初我教的第一批学生当中，有十多个都参加工作了，或者攻读研究生，什么都有。我觉得这批学生很听话，因为也是我的第一批学生，有当医生的、老师的，在一个不到三十人的班级里面，有十多个都参加工作，我还是觉得是很厉害，值得我骄傲的。”①

当提到自己所教学生都有所作为时，李老师不自觉露出了慈祥的笑容，额上的抬头纹都舒展开了，精神瞬间矍铄起来。让人更加欣慰的是在国家教育政策的大力扶持下，现如今的乡村教师们一人多任的情况已经大大减少，他们可以有更多的时间专心钻研教学，实现“以勤劳为箭镞，射向教学靶心”的美好愿景。

（三）乡村教育，日新月异

在谈到过去乡村教育中最让教师头疼的问题时，李正藻老师描述到：

“最初的时候，就是书费和学费的问题，特别在20世纪70、80年代，当时很多教师都会倒贴。比如我刚开始教书不久，书费是一年15块钱，于是就有一个学生家长来跟我说，他没有钱，但还是希望学生能继续读书，于是我就替他垫上了，期中的时候去催了一次，期末的时候又去催了一次，但都还是交不上来，最后也就由我贴了。所以那时候教师的经济压力还是大的，会出现补贴学生上学这种情况。现在由于九年义务教育政策的实施，学生不需要再交学费，这些现象也就基本上不会出现了，说到底还是要感谢国家的帮助。”②

话落此处，李老师稍显无奈，随后又继续列举了当时在教学管理中容易出现的另一个问题。

“在乡村教育中，学校里还会有这样的情况，只要学生出了问题，都要老师负责，如果一个学生犯了错，老师叫这个学生去罚站，都会有人说这个老师是在变相地体罚。我经历过的一个事件就是，大概2002年的时候，一个四年

① 引自第一次访问李正藻老师记录稿，2022年2月21日。

② 同上。

级的男同学在下课的时候直接在教室里面小便，用教室的垃圾桶解决，于是有个同学就来向老师说了这件事情，然后那个老师当时没控制好情绪，有点气愤直接跑去教室，用手一把就抓住了犯事同学的衣服，由于是在夏天，这个同学穿的是衬衣，因此他的背后就现出了五个手指印，最后家长不分青红皂白地来质问老师，并直接找到学校，导致那个老师最后被罚款几千块。这种情况难道真的是教师在打学生吗？还是因为乡村里的家长普遍文化程度不高的原因，学生稍微一出问题，家长就会来找老师的麻烦，导致在当时的乡村教育中老师不太敢管学生情况比较普遍，导致教育管理不到位。但是我感觉这些年有变化，家长的认识和以前还是很不一样的，现在的家长基本上都有要接受教育这一意识，出现教师一碰学生就揪着不放的情况还是变少了。原因一个是由于现在国家的发达和进步，不管是学生的学习环境和教师的工作条件，都出现了很大的变化；另一个是由于家长思想和观念的进步。”①

从李老师认真的神情和话语中，我们了解到改革开放不仅促进了我国经济的复苏，也解放了人们的思想，一定程度上缓解了乡村教育的难题，但由于乡村教育问题的复杂性，想要彻底破解还需广大学者们锲而不舍地深入钻研。

二、乡村教育发展过程中的困境分析

（一）物质条件匮乏

乡村学校与城市学校相比，最明显的差距就是物质条件匮乏。直至今天，乡村学校的硬件设施仍然有待提高，这使得接受乡村教育的同学们感受社会先进性和体验文化多样性的机会相对较少，思维的创新性也不足。对此李正藻老师表示：

“我开始教书时，去的学校大都是土坯房，连用的水都要自己挖井才有，直到改革开放十多年后，1997 年我们才从土坯房搬出去，有了砖混结构的教室。搬迁之后学校各方面也都在变好，比如现在的乡村小学里都有了实验室和专门的美术室，这些在我刚开始教书时是根本不可能的事。但是呢，相比城市里的学校来说还是可以再进步的，因为我也有孙女在城里读小学嘛，我觉得随着国家一步步变好，乡村学校只会往越来越好的方向发展。”②

通过了解塘房小学的变迁历程，我们看到昭通地区乡村教育的基础设施是

① 引自第一次访问李正藻老师记录稿，2022 年 2 月 21 日。

② 同上。

在逐步完善的，不论是国家政策的实施还是学校老师的作为，都在尽力弥补乡村学校的不足，当地村校正迎头追赶城市学校，不让孩子们输在起跑线上。

（二）教师身兼数职

在多次采访了两位乡村教师过后，我们不难发现一个共性：最初的乡村教师基本都有身兼数职的困扰，他们多数教书农活两手抓，个别教师在特殊时期还承担着扫盲工作的重任，但实际上他们的困境还不止于此，就像李正藻老师回忆到的。

“当年的乡村教师不像现在的城市教师，只用教好自己的专业就行了，那时的乡村教师基本就是一个人负责一个班的所有教学，不管是语文、数学还是其他的，什么都要教。搬新教室时，我们那个学校总的有六个班级，但是只有九个老师，其中仅三个老师是正式的，基本就是一个教师负责一个班，随着陆陆续续增加了一些民办教师和代课教师，这样的现象才逐步改变。”①

此外，李正藻老师还提道：

“在我快要退休的前几年，学校又突然安排给我后勤主任的职位，就是在教书之外还要负责学校的安全、财务、卫生工作，这虽然听着不难，但对我们这些老年人来说还是很恼火，特别是财务，当时电脑还没普及，我也不会电脑，每天学校的开支就需要我一点一点地手写上去，只要写错一点，就要花更多的时间去复盘，所以刚开始我压力太大了！”②

从李老师微微皱眉中，我们更加深刻地体会到了乡村教师身兼数职的困难与挑战。在乡村学校，往往因为教师人数少而使多数教师一人要做多份工作，但人的精力都是有限的，这样即使能完成学校工作，也会在无形中降低教学质量，从而影响乡村教育的进步。

（三）家长教育理念淡薄

“我认为社会上给教师戴的帽子是比较高的，比如说教师是‘人类灵魂的工程师’，我觉得没有任何一个比喻能超过这个帽子，但其实在无形中，加大了对乡村教师的压力。当时的教师要积极动员家长把娃娃送来上课，在上完课之后还要去做农活，并且还要担心学生是否都安全到家了，如果在天黑之前没有家长打电话问的话，教师才会放下心，如果有家长打电话的话，那么老师的

---

① 引自第一次访问李正藻老师记录稿，2022 年 2 月 21 日。

② 引自第二次访问李正藻老师记录稿，2023 年 2 月 4 日。

心就会马上提起来，并且立马放下手中的活回到教室去找学生。但如果是在城市的话，就不太会出现这样的问题，第一是交通基本很安全，第二是家长很重视。比如在城区的话，家长一到放学时间都会按时去接小孩。并且在农村开家长会，很多家长都会以做农活为由不来，所以教师和家长之间联系交流很少。乡村教育和城市教育的差异还是很大的，从家长认识上这一块来说就有很大的不同，我觉得不管是现在的还是以前的乡村教育，都和家长有很大的关联，教师只是起个引进门的作用，和学生的交流也就只有那几个小时，但和家长却不一样。在乡村教育这一块，如果想要家长起到监督和辅导学生的作用，基本是不可能的，所以农村教育和城市教育的两极分化还是很严重的，一个是由于农村的家长在以前基本上不识字，也因为他们每天都干农活很累，已经没有精力再监督学生了。所以要想改革农村教育，做好家长工作就是很大的一个难题。”①

在李老师的对比描述下，可以看出在乡村教育改革的道路上，家长对教育的重视程度不够、科学教育理念的缺乏仍是不可忽视的问题。

四、乡村教育的未来之路分析

（一）关注农村薄弱学校，改善乡村办学条件

近年来，在国家对农村学校的大力扶持和关怀下，我国乡村教育有了一定的发展，但由于历史和现实的种种原因，乡村学校的外部条件仍有很大的上升空间。基于此，政府应承担起相应社会职能，建议成立相应工作组，在对偏远地区学校进行系列考察后，将经费投入向农村薄弱学校倾斜，改善这些学校的办学条件。此外，农村薄弱学校可通过开设爱心捐赠公众号，充分利用网络平台，积极改善学校的办学环境，以此来推动乡村教育的整体发展。

（二）加大师资力量投入，促进学校管理专业化

由于乡村地区很多学校教师紧缺，导致身兼数职，工作任务沉重。通过访谈发现，改革开放前的乡村教师大多要兼顾农活与学校工作，改革开放后这样的情况伴随着教师待遇的提升有所缓解，但在实际工作中“工作结构不合理、

① 引自第一次访问李正藻老师记录稿，2022年2月21日。

非教育教学任务重”[①] 的问题依然存在。在访谈中，由于李老师所授科目与自身所学专业不一致的情况较为突出，且附加了很多非职责范围内的任务，导致教师身心劳累，疲于应付。因此，建议应加强义务教育阶段师资队伍的学历结构调整，解决专任教师所授科目与自身所学专业不一致的问题，并且根据学校实际需求，及时补充短缺的专业师资。

（三）推广科学教育理念，培养家长教育意识

乡村家庭教育是社会公共责任，在提高乡村家长教育理念的问题上，要多路探索。首先，村委会要引导家长重视下一代的教育问题，可以开展形式多样的活动，如“亲子教育进乡村”，使他们掌握正确的教育方式与方法，让他们知道家庭教育对孩子成长的重要性。其次，校方和相关教育工作者要以积极的心态与家长沟通合作，把握好教育方向，因大多数农村家长的文化水平有限，教师要尽可能对家长进行正向引导。最后，政府要给农村家庭减压，使家长有更多的精力进行家庭教育，为家长教育意识的提升创造条件。

五、总结

本文以访谈法为主要研究方法，期望通过与昭通地区乡村教师的实际交流与沟通，聆听真实的“大山”声音，记录改革开放以来云南昭通地区乡村教育的发展与变化。我们在研究中发现，我国的乡村教育在发展过程中基本都会有物质条件匮乏、教师身兼数职、家长教育理念淡薄的问题，因而以个别洞见一般，提出针对性的建议措施，以期在记录历史、分析成因的同时，为乡村教育的发展与完善提供有效帮助。

访谈后记

李正藻老师从事乡村教育三十九年，其中有二十年是民办代课教师身份，十九年是公办教师身份。他是改革开放前后乡村教育发展的见证人与亲历者。转正之路不仅是李老师个人的期望，也是一个家庭的期盼，李老师肩上扛起的还有一个家庭的幸福，但为了自己热爱的这片土地和孩子，李老师甘为“孺子牛”，始终坚守在自己的三尺讲台，并通过自己的不懈努力最终转正。接受采访对花甲之年的李老师而言并不轻松，但李老师始终不厌其烦，娓娓道来，分

---

① 朱秀红、刘善槐：《我国乡村教师工作负担的问题表征、不利影响与调适策略——基于全国18省35县的调查研究》，《中国教育学刊》2020年第1期。

次完成了长达数小时的谈话。为了使访谈内容更加真实可信，在李老师陪同下我们驱车前往他的老家，在蛛丝尘网的老房子里翻找李老师任教时候的照片，终于在数小时的坚持下找到了一些十分有历史记忆的老照片，每一张照片的来之不易也仿佛在向我们诉说乡村教师之路的曲折。从环堵萧然的土坯房到砖混结构的新教室，李老师始终兢兢业业、一丝不苟，为教师发声，对学生视如己出。在谈到对青年教师的建议时，李老师正容亢色地说道：

“大家都总想过舒服、好的日子，那生活就会平淡无奇，没有什么值得留恋，特别是当在我这样的岗位上工作那么多年，回想下来，想起我们以前吃苦的那些经历，就会觉得这都是我们的财富，如果你们以后出学校了，什么都别说，先干，先干好了！”

“鹤发银丝映日月，丹心热血沃新花”，这是对李正藻老师精彩人生最恰当的描述。李老师的背后，是一代乡村教师的缩影，面对中国千千万万的他们，我们应当铭记并致以最崇高的敬意！

作者简介：

陈刚荣，女，四川师范大学马克思主义学院学科教学（思政）专业2021级硕士研究生。

凌曦，男，2022年毕业于山东交通学院计算机科学与技术专业，现就职于云南省昭通市威信县鱼洞小学。

教学守道：16年乡村代课生涯的坚守和迷茫

——袁道学老师访谈录

王晓梅

访谈人物：袁道学

访谈者：王晓梅

访谈时间：2022年2月23日、2022年7月8日、2023年4月5日

人物备注：

袁道学老师

袁道学，男，1963年生，中共党员，四川省南充市嘉陵区龙岭乡天井坝村人，高中学历，1982年被聘请为代课教师，工作期间表现优异，于1993年通过考核后成为农技班教师，2006年退休。袁老师任教二十二年期间，十六年以代课教师身份坚守岗位，先后任教于龙岭小学、龙岭乡中心校、龙岭乡九村（天井坝村）小学等多所乡村学校，为嘉陵区乡村基础教育发展做出了贡献。

摘要：乡村教育是乡村振兴的关键，乡村教师是乡村教育振兴的重要力量。乡村代课教师是中华人民共和国成立七十多年来教师队伍中的特殊群体，他们是基础教育奠基者、扫盲教育主力军、乡村文明传播者和留守儿童守护者，同时也是我国在特殊时期区域发展不平衡、教育质量参差不齐、师资力量不足的特定背景下的必然产物。他们情系学生，爱系讲台，一生执着于教书育人；他们流转于各个学校，能胜任各个学科，兼具教育情怀、专业素养、挑战意识和奉献精神；他们秉持“哪里需要到哪里”的教育信念，在乡村教育领域发光发热，为启发民智、教化心灵、扫除文盲、文化建设和教育发展作出重要贡献。本次调研以嘉陵区龙岭乡代课教师袁道学为访谈对象，揭示这一特殊群

体在待遇报酬、身份认同、职业发展、专业素养方面的现实困境，得出应该真真正正关心乡村代课教师物质条件，切切实实关注他们的精神需求，妥善处理清退补偿事宜，健全合法权益保障机制，规范教师管理机制，提高教师职业认同，为乡村基础教育助力，为乡村振兴提供理论指引和实践支撑等建议结论。

关键词：乡村代课教师；历史价值；权益保障；乡村教育

袁道学老师于1982年9月被聘请为代课教师，1982年9月至1986年9月在龙岭小学教书，1986年10月调龙岭乡中心校任教，1987年秋调龙岭乡九村（天井坝村）小学，1989年9月至1993年7月调龙岭中心校。1993年暑期他通过考试以第一名的成绩被聘为农技班教师，1993年9月至1996年6月在农技班教文科科目，1998年7月被学校解聘，1998年秋季在九村（天井坝村）开办私学，2006年停办。至此，袁道学老师遗憾告别一生热爱的学生、喜爱的讲台和心爱的职业。他一生代课十六年，任教二十二年，始终坚守在自己的职业岗位上，为国家输送了一批又一批建设人才。

乡村代课教师为乡村文化建设和乡村教育的发展奠定了基础，在特定历史条件下发挥了重要作用，但随着社会的发展和教育质量的提升，为提升农村地区的教育质量、教师素质和促进教育均衡发展，代课教师这一特殊群体也面临着转型，很多乡村代课教师被清退，由此产生了一系列历史遗留问题。本次调研旨在挖掘乡村代课教师的存在必然性和时代特色性，以改革开放后乡村代课教师为研究对象，聚焦他们的迷茫境遇并提出对应的建议措施，同时力求全景记录改革开放后被研究地区乡村基础教育的变迁与发展。

一、研究背景

代课教师队伍的产生具有鲜明的时代特征。新中国成立初期，国家人力、物力、财力严重短缺，其中也包括教师队伍。同时，国家经济的恢复发展又离不开教师群体为社会输送掌握文化知识的劳动力，于是在那个特定的历史时期和特殊情况下，代课教师应运而生。“文化大革命”时期，一些教师被批斗、遭开除，教师编制滥用，公办教师队伍损失严重。改革开放后，国家实力显著提升，但经济发展落后的地区仍然缺少公办教师，乡村代课教师依旧普遍存在，他们为乡村基础教育的发展和乡村文化的建设贡献了巨大力量。普及义务教育时期，乡村教育大力发展，代课教师与在编教师一起成为教师队伍的生力军。随着教育改革的深入和教育质量的提升，新生代代课教师应运而生。新生代代课教师队伍庞大，但是其相应的权益保障却并不完善，面临诸多问题。

乡村代课教师为乡村基础教育发展尤其是经济欠发达地区的基础教育普及做出了不可磨灭的贡献，但是曾经的他们因为在工资福利、社会保障、专业发展机会等方面与在编教师存在迥然不同的生活工作境遇而成为这一行业中的“弱势群体”。由此，本次调研基于实证调查剖析乡村代课教师生存与发展存在的现实问题，并给出相关建议和理论支撑。

二、研究设计

（一）研究方法

本次调研采用文献研究法和访谈调查法。文献研究法作为研究中最普遍的一种方法，通过互联网搜索引擎、知网等专业知识数据库检索与乡村代课教师相关的文献进行阅读，同时寻找与研究内容相关的书籍和刊物，分析总结其研究理论和成果，为研究打下坚实的基础。调查访谈法是一种通过与被调查对象交谈从而获取有效信息和素材的方法，它可以反映出不同的群体对同一事物的看法。首先，以代课教师袁道学为访谈对象获取第一手资料，增强资料的真实可靠度。其次，对访谈内容进行整理分析，并将所获得的信息与实际情况相联系，挖掘剖析乡村代课教师在自身发展、待遇报酬、教书育人中存在的问题，由此提出具体的相应的解决措施，提出有价值的参考意见。

为研究嘉陵区乡村代课教师相关问题，笔者三次来到南充市嘉陵区龙岭乡天井坝村实地调研，采访了拥有十六年代课经历的袁道学老师。采访中，被访者态度配合，认真积极，过程轻松愉悦。

（二）研究目的和意义

首先，通过实地调研的方法获取第一手资料，为现代口述史的发展贡献智慧。其次，获取当事人的口述史料来探究当地基础教育的变迁。通过采访龙岭乡天井坝村的代课教师袁道学对当地教育的认知，有利于记录改革开放以来嘉陵区乡村教育的变化。最后，剖析乡村代课教师改革开放以来普遍遇到的问题，以顶层设计为着力点，尝试解决乡村代课教师面临的困境，益于促进乡村基础教育的发展和提升乡村教育的质量，激励新生代代课教师为乡村振兴坚守本心。

三、回顾：乡村代课教师坚守的历史价值

新中国成立七十多年来，乡村代课教师几十年如一日默默坚守在三尺讲

台，辛勤地耕耘在乡村教育岗位上，为社会主义新中国建设，为国家稳定发展，奠定了坚实基础，做出了卓越贡献。

（一）基础教育奠基者

乡村教育是中国教育的主阵地。为促进乡村基础教育，满足适龄儿童入学需要，乡村有文化的农民迅速加入教师队伍行列，投身于乡村基础教育和普及义务教育，他们将辛勤的汗水和无尽的关爱给了学生，承担着传授知识、培养能力以及动员乡村儿童入学的时代重任，他们艰苦奋斗、无私奉献，用智慧担当助力一代又一代乡村学子成长成才。

“20世纪80年代的时候，教学环境还非常差。下雨天，‘教室外面下大雨，教室里面下小雨’。一开始课桌都是用石头砌的，用卵石和泥土码成一个墩，上面搭一个石条构筑的，凳子都是学生自己从家里面带。为了改变教学条件，我省吃俭用，拿出自己微薄的工资去买课桌、瓦片，添置一些桌凳，改善了自己教书的教室。后面逐步发展成木桌子，一张桌子可以坐两三个同学，凳子也换成了木凳子。当时适龄儿童多，家长都希望自己的孩子能够读书，学习文化知识，所以一个班学生大约60～120个人，人太多了的话，就只能让学生面对面坐着听课。但是也有家长不愿意送自己的孩子读书，觉得压力太大了，我就去家访，做他们的思想工作，严格落实控辍保学任务。当时教书，我教学热情高，也乐于教授学生知识，看到学生认真听讲，我内心也很满足。”①

（二）扫盲教育主力军

20世纪80年代相较新中国成立之初，基础教育质量有了显著提升，但是由于一些客观原因，相继也产生了一些新文盲。乡村代课教师是扫盲教育主力军，他们积极贯彻、认真落实国家的相关政策精神，不辞辛劳，无怨无悔，坚持白天教全日制，晚上参加夜校扫盲，为国家扫除了大批文盲，提高了村民的文化素养，取得了引人注目的成就。

“20世纪90年代的时候，为响应国家扫盲教育号召，提升本村的文化水平，普及文化知识，改变环境条件，我们自发自愿办夜校，组织村里60岁以下没有文化但能够以及愿意参加的村民，晚上读夜校识字、唱歌和学习文化知识。村民们学习热情高涨，不仅有利于掌握文化知识，还有助于调整农村的风气，改掉过去的一些旧风俗、坏习气，同时也将新风尚、新文化传递到乡里村

---

① 引自第三次采访南充市嘉陵区龙岭乡代课教师袁道学记录稿，2023年4月5日。

舍。从此，农村里的是非问题、吵架问题、打架斗殴问题就迎刃而解了。扫盲工作不仅教育了学生，也教育了学生家长。”①

（三）乡村文明传播者

乡村振兴离不开两个文明建设，乡村代课教师是乡村两个文明建设的主力军。在物质文明建设方面，他们是乡村经济建设的人才供给支撑，为乡村经济发展培养了大量的建设人才。

“南充丝绸是南充市特产，中国国家地理标志产品，较为出名。1993 年暑期中，我经过考试，被龙岭乡人民政府招聘为农技班教师。农技班的学生不仅要学习农业生产技术，而且要学习语文、数学、英语、物理、化学、政治等和其他普通班一致的文化课程。农业生产技术课程主要涉及栽桑养蚕，其中栽桑包括如何给桑树修枝整形，使树形美观的同时提升桑叶质量；养蚕包括如何去喂蚕、养蚕等。栽桑养蚕的主要目的是获得蚕茧，然后用它来缫丝织绸。学生学习这些农业知识可以更好地建设农村，为农村服务，促进乡村经济发展。”②

在精神文明建设层面，乡村代课教师不仅通过教书育人传授知识、教化民风，其自身所具备的吃苦耐劳、无私奉献等优良品质深刻影响着莘莘学子和父老乡亲，为乡村文化建设、科技知识传递、社会公德践行做出了巨大的贡献。

“在龙岭乡中心校教书时，学校离我们家有十多里路，我每天早上都要从家里走到学校，下午放学后又走回家。学校当时正式老师较少，特别是这种乡村学校，因为条件比较差，很多老师都不愿意去，师资力量比较缺乏。代课过程中，我服从安排，哪里需要到哪里去，不管艰苦不艰苦。1998 年，我被辞退了。由于当时村里学校班级仍旧不够，失学儿童多，很多家长知道我教得好，又关心热爱学生，于是很多家长自发组织动员我办一所私立学校，加之国家也积极鼓励社会力量办学，经过文教局批准，1998 年秋季我办了一个私立班，共六七十个同学，解决了我们村和附近两三个村失学儿童的教育问题。就这样，私学一办就是八年。同时，通过群众的投票选举，我被选入了村委会工作，职务是文书（相当于会计）。村民们都比较信任我，村里的红白喜事我会帮忙主持和接待客人，邻里纠纷我也会极力帮忙解决，只要能为村民们排忧解难我就会很开心，只要村民们和和睦睦，这个村子就会欣欣向荣。”③

---

① 引自第二次采访南充市嘉陵区龙岭乡代课教师袁道学记录稿，2022 年 7 月 8 日。

② 引自第三次采访南充市嘉陵区龙岭乡代课教师袁道学记录稿，2023 年 4 月 5 日。

③ 引自第一次采访南充市嘉陵区龙岭乡代课教师袁道学记录稿，2022 年 2 月 23 日。

（四）留守儿童守护人

20世纪80、90年代，随着社会经济发展和城镇化进程加快，很多农民寻求新的就业机会外出务工，由此农村产生了很多留守儿童，他们通常是由家里的祖辈或亲戚代为抚养照看，父母进城打工挣钱，获取生活费用寄给家里祖辈或亲戚补贴家用。这种现状导致大多数留守儿童面临生活、学习和心理等多方面问题，而乡村代课教师的“师爱”在这时填补了留守儿童缺失的“父爱”和“母爱”，不仅教授他们课堂知识、生活技能，还密切关注其情感需求、情绪变化，给予及时而温暖的关怀，增强了孩子们的自信心。

“作为一名中共党员，我的一生是党给的，我就要把我的一生交给党。为党服务、为人民服务，为国家好好工作是我的意愿，是我立下的誓言。当时在外地打工的家长比较多，有一位家长和他的家属在外地打工，他们的两个孩子都寄居在我家里，跟我同吃同住了五年，同时我兄弟姊妹的三个孩子也和我们住在一起六年，所以我拥有了很多个孩子，他们都是我的孩子。虽然家庭生活条件差，我和我家属仍希望能够帮到他们，希望改善他们的生活，希望我的心血能够照亮他们的未来前途，让他们走出大山。后来他们不负众望，比较成器，寄居在我家的两个孩子考上了大学，我照看过的兄弟姊妹的三个孩子，其中两个分别考上了重庆大学和中国科学院的硕士研究生。现在，他们都已经成家立业，有了幸福美满的家庭，我们一直都有联系，每年过年他们还会过来看望我，我的付出是值得的，我看到他们现在的成就很欣慰。”①

四、反思：乡村代课教师迷茫的现实困境

乡村代课教师既是知识传授者，又是乡村文化建设者；既是扫盲主力军，又是乡村教育推动者。然而，他们却面临条件差、待遇低、进修少、保障弱的困惑，严重影响了乡村地区义务教育和基础教育的发展。

（一）清退政策导致困境

清退代课教师是国家根据教育现实发展需要所出台的一项政策，政策的出发点是为了提升农村地区的教师素质和教育质量，但是在一些地方和学校的具体实施中却产生了部分问题，并引发了社会舆论。

“四川省1982年进行了民办老师大整顿，民办教师有些不合格的，被清退

① 引自第一次采访南充市嘉陵区龙岭乡代课教师袁道学记录稿，2022年2月23日。

了，最终留下的就是整顿后在册的民办教师。这部分老师可以通过函授或者自学取得一定的文凭，然后转正为编制老师。作为临时代课老师，为提高专业水平和对学生负责，我参加了学校和教育行政主管部门举行的一些培训、自学考试，当时报了一个小教专业，需要考 12 门科目，已经过了 8 门，但由于学校把我辞退，就没有经济来源支撑我继续进修了。我从 1982 年开始教书，总共代课了十六年。1998 年，由于正式在编老师逐步增加，不再需要临时的代课教师，所以代课老师就被清退了（不再聘请）。我也被辞退了，只能离开我最喜爱的讲台，我很遗憾，对于这个事情，我背地里流过眼泪的。”①

当代课老师虽然待遇差，但是仍然有经济来源支撑家庭，然而“一刀切”清退政策直接斩断了教师的生活来源，无形中增加了他们的生活负担。被清退的教师对于这一政策较为不满，甚至一些教师为维护自身合法权益而集体上访，部分媒体也相应为这一群体发声，引发了社会舆论。

（二）社会职业认同不强

一个“代”字，标识了代课教师非正式、不在编的身份，由此常被社会或者家长质疑其专业能力，他们自身也因身份不同、社会地位低而对自身职业认同感不强。一些乡村代课教师因遭受不平等待遇且无身份认同，导致其心理压力巨大。

“1995 年 6 月份，天气比较热，上课的时候我突然晕倒在讲台上了，当醒来时，周围围着很多同学，有些同学扇扇子，有些同学喂我葡萄糖水。学生对我这么好，我很感动和欣慰，感觉孩子们懂得感恩，付出是值得的。我们代课教师很多时候做的事情不比在编教师少，但是很多人仍觉得代课教师专业能力和职业素养比不上在编教师，我们被称为‘体制外’。体制一词将我们与在编教师隔离，感觉是一道不可跨越的鸿沟。我很喜欢我的职业，教书育人能够提高幸福感，我也不怕苦不怕累，但是因为没有编制而否定代课老师的付出，怀疑代课老师的专业程度，让我觉得心理压力很大。”②

（三）聘任制度缺乏规范

编制是教师开展工作和稳定岗位的重要保障，没有编制教师无法到岗上岗，自然也无法享受相应待遇。在农村地区，由于长期以来师资力量匮乏，不

---

① 引自第一次采访南充市嘉陵区龙岭乡代课教师袁道学记录稿，2022 年 2 月 23 日。

② 同上。

得已对教师的资质和质量做了一定的调整，因此出现了代课教师，但对于这类教师的聘任尚无明确合理的制度规范。

“随着国家的发展，农村涌现出许多大学生，但他们大多不愿意回到乡村，而是选择留在大城市。由于编制的限制，师资日益紧张，而农村仍然需要教师来教育和培养下一代，这就导致农村仍存在着许多像我这样没有编制的代课教师。”①

同时，乡村代课教师的聘任较为随意，很多代课教师并没有和学校签订劳动合同，这就导致代课教师的待遇必然和在编教师千差万别，也会影响教师的整体质量。

“十六年代课生涯中，我服从安排，流转于各个学校，能够胜任学校的各项工作安排。我被聘用当代课教师，是走了正规流程的，但是并没有签订劳动合同，当时农村地区普遍法制观念淡薄，也意识不到劳动合同的作用。从聘任途径来说，有参加考试的，有因为文化水平高、教学成绩优异的，有的则是直接口头承诺。当时村里的高中生并不多，我算村里面的知识分子了。”②

（四）专业发展机会渺茫

代课教师专业发展机会少，获得培训和继续教育的机会远远低于在编教师，尤其是乡村代课教师，更加缺乏资金等各方面支持。

“尽管我当时教学成绩优异，也经常参加教学竞赛，领导对我认可度也高，觉得我教学能力强，但是涉及级别较高的教培活动，学校基本不会考虑让我参加。一方面是有些领导认为代课老师流动性大，学校的教师职称评定并未把代课教师纳入其中，他们觉得代课教师没有编制，这些活动职称评定也用不上，不如直接安排在编教师参加。另一方面，有些培训是需要自费的，参加培训的费用我也承担不起。代课教师工资待遇不佳，社会认可度也比较低，晋升机会也基本没有，发展前景不好。”③

学校安排校外（国培、省培）的培训机会、评优评先基本不会考虑体制外教师，自身又因工资待遇低而很难支撑自费性质的培训进修，因而丧失了黄金发展期。

① 引自第三次采访南充市嘉陵区龙岭乡代课教师袁道学记录稿，2023 年 4 月 5 日。

② 引自第一次采访南充市嘉陵区龙岭乡代课教师袁道学记录稿，2022 年 2 月 23 日。

③ 同上。

（五）付出回报不成正比

代课教师与公办在编教师存在同工不同酬的现象，例如在五险一金、年终奖、绩效考核方面。有研究指出，农村新代课教师工资待遇普遍偏低，他们获得的报酬是农村公办教师的 1/10 ～ 1/3，且工资被拖欠的现象时有发生。①

“20 世纪 80 年代末期，我们这个地方正式教师的工资多的高达六百多元，最低的也有二百元。而我们代课教师一个月工资是四十五元，后面涨到了六十七元。当时有一些外出务工的人一个月至少有五六百块钱，过年回来和我们聊天，都劝我不要教书了，家里房子都是烂垮垮（破朽）的。随着国家经济条件变好和实施工资调整，公办教师工资一年年提升，到退休时月工资可以达到五千多元。我 1998 年被辞退了，当时没有任何补偿。2001 年，国家出台了解决临时清退人员（原来的代课老师、民办教师）养老问题的政策，嘉陵区按照国家规定，每年度给我补发课时费 1000 元，另外可以买教职工养老保险。”②

（六）自身专业素质较弱

传统代课教师在第一学历、自身资质及专业素养方面较为欠缺。伴随社会发展，新生代代课教师综合考虑更愿意选择去一线或新一线城市。农村偏远地区或者教龄较长的老教师教学能力强，但是专业素养与时代脱节。这就是当前代课老师的整体现状，也是客观而亟待解决的问题。

“农村地区很多代课教师的聘任没有严格的招聘标准和流程，有些地方极度缺乏教师，直接让村里像我这样读过初中或者高中的人来代课。有些代课老师第一学历就是初中或者高中毕业，也没有教师资格证，普通话和英语也不是很标准。”③

各种现实客观原因，造成农村不能吸引优秀人才，当然也包括受过专业教育的师范生。同时，随着时代发展和教育理念的更新，又使得原本能力水平受限的传统代课教师跟不上行业变化的速度，导致乡村教育前景存在隐忧。

“现在教学条件变好了，教学环境也好很多了，都采用多媒体教学了。而且教育理念也在更新，注重学生德智体美劳全面发展，同时学生思维越来越活

---

① 杨江玲、方红：《农村代课教师的生存困境及决策诉求》，《教育与教学研究》2018 年第 1 期，第 83～89 页，第 126 页。

② 引自第一次采访南充市嘉陵区龙岭乡代课教师袁道学记录稿，2022 年 2 月 23 日。

③ 引自第二次采访南充市嘉陵区龙岭乡代课教师袁道学记录稿，2022 年 7 月 8 日。

跃，教学也越来越重视学生综合素质的发展，教育方法也在更新。现在教师必须用普通话授课，而当时我们很多教师都只会用四川话给学生讲课，我感觉自己跟不上时代的发展了，现在是年轻人的舞台了。”①

五、立新：乡村代课教师发展的未来出路

乡村代课教师曾经为新中国各个时期的转型发展做出过巨大贡献，但他们却一直身处薪酬低、待遇差、机会少的尴尬境遇，尽管目前国家、各地方政府对乡村教育有一定的政策倾斜，但是乡村现实的环境条件仍难吸引新生代教育人才，不利于培养稳定的乡村教师队伍，这一问题须从顶层设计、学校管理和身份认同三方面加以应对。

（一）妥善处理清退补偿事宜

政府相关机构应充分尊重和肯定传统代课教师对乡村扫盲、乡村文化建设、乡村教育的贡献，妥善处理有关代课老师的历史遗留问题，建议通过转岗、经济补偿等方式保障被清退教师的基本生活需求，同时通过购买养老保险、基本养老保险解决教师的后顾之忧，增强代课教师的幸福感。此外，可以通过颁发荣誉证书，提高代课教师的职业归属感和获得感。对新生代乡村代课教师，由于其专业水平进一步提升，可以建立严格的转正、退出和补偿机制。首先，转正依托教师的教学能力、业绩和贡献，和在编老师评价机制统一，优先考虑表现优秀的代课教师。其次，优化教师队伍，清退不合格的教师群体，可以用转岗调岗、提供辞退救济金等方式加以解决。值得借鉴的是，黑龙江省克东县按照代课教师被辞退前 12 个月的月平均工资，对教龄为 1～10 年的已辞退代课教师，每满 1 年教龄发给 1 个月的工资，教龄超过 10 年的，每满 1 年教龄发给一个半月的工资，并且教龄满 3 年的还会按月加发养老保险教龄补贴。②

（二）健全教师权益保障机制

在基础教育发展编制紧张，需要大量代课教师的情况下，建议制定对应的

---

① 引自第二次采访南充市嘉陵区龙岭乡代课教师袁道学记录稿，2022 年 7 月 8 日。

② 克东县政府办：《关于妥善解决中小学已辞退民办教师和代课教师问题补漏申报的公告》，2016 年 6 月 2 日。

“代课教师认定机制[①]”，实现在编教师与代课教师“双轨制”教师认定机制，承认代课教师的合法身份和地位，进而保障代课教师的相关权益。健全代课教师在报酬待遇、社会保障、进修培训、科学研究等方面的权益保障机制，并监督实施情况，确保落到实处。建立明确的法律法规保障制度，实现从源头保障才能解决实质问题，为此可以划拨专门教育经费作为代课教师的工资和待遇保障资金，并结合劳动量来体现薪酬的公平，落实同工同酬。

（三）完善乡村学校管理机制

在学校层面，应广泛听取教师心声，完善和规范乡村学校规章制度，使制度更有温度，更接地气。首先，规范乡村代课教师的招聘制度，招聘流程须公开透明，采用与民办教师招聘相似的招聘渠道、招聘流程，确保被录用代课教师的讲课能力和教学水平，提升乡村教育质量。其次，学校须与被招聘代课教师签订劳动合同，保证其合法权益，确保代课教师和在编教师享有同等的职称评定资格、职称晋升渠道。同时，拓宽评价机制，不能以编制限定代课教师的发展机会和发展前程。最后，制度实施要有针对性和人性化，代课教师群体本就具有不稳定性特征，应及时关注其物质需求和心理需求，多给予他们专业发展机会，增强其价值存在感。

（四）提高乡村教师职业认同

提高乡村代课教师职业认同需从职业吸引力和教师认同感两个方面入手。增强教师的认同感需要社会、学校共同关注代课教师情感需求，真正形成尊师重道的风气。应该建立荣誉表彰制度，根据代课教师群体的不同层次、不同贡献设立多层次奖项，以增强代课教师的荣誉感，例如设立“最美乡村教师奖”“乡村教育贡献奖”等。学校也可从改善代课教师住宿条件、关注代课教师心理健康等方面增强代课教师的职业归属感。同时，应给予乡村代课教师合理、恰当的职业定位，以便让其感知自身肩负的乡村教育大任，形成有希望、有盼头的职业前景预设，愿意、乐意为乡村建设效力，能够做到将“乡土情怀”融入学校，融入本土，融入乡村文化，融入基础教育。

---

① 杨挺，王红：《乡村新代课教师权益的挑战、症结和保障》，《教育与教学研究》2022年第10期，第48～59页。

六、总结

代课教师的存在有其必然性和特殊性，20世纪特定时期出现的乡村代课教师为乡村文化的建设和乡村教育的发展起到了巨大的作用。随着对教育质量要求的不断提升，乡村代课教师由于教学质量不佳、资质缺乏等原因被国家逐步“清退”，但是乡村代课教师继续存在仍然不可避免，尤其是在贫困偏远地区。如何保障乡村代课教师权益是推动教师队伍规范化的现实问题，是回顾代课教师队伍发展历程的价值所在，更是探讨新生代乡村代课教师发展的理论支撑。希望本次调研的成果能为乡村教育质量的提升和乡村教师队伍建设提供一定的理论参考和实操建议，从而进一步助力乡村文化传承和乡村教育发展，切实有效推进乡村振兴。

作者简介： 王晓梅，女，四川师范大学马克思主义学院学科教学（思政）专业2019级硕士研究生，现就职于遂宁高级实验学校外国语学校。

种星星的人：改革开放后的第一代乡村小学教师

——杨光培老师访谈录

杨昱洁

访谈人物：杨光培

访谈者：杨昱洁

访谈时间：2022 年 1 月 9 日、2022 年 7 月 5 日

人物备注：

杨光培（1952—2022 年），男，四川省绵阳市人，中共党员，小学高级教师，1973 年参加工作，1985 年加入中国共产党，曾就职于绵阳农科区小学，任班主任兼全科教师，2009 年因病提前退休，2022 年 12 月因病去世。

杨光培老师

摘要：本文采用个案研究法、文献研究法和访谈法，试图通过访谈杨光培老师这一典型代表，研究改革开放以来第一代乡村小学教师在艰苦条件下奋斗的历史，并探索支撑其在困苦中坚守的情感动力。通过调研发现，改革开放以来第一代乡村小学教师面临物质条件艰苦和精神慰藉单薄这两大问题，并据此提出了优化改善建议。同时，谨以此文献给已经离世的杨培光老师，纪念和歌颂改革开放以来第一代乡村教师艰苦奋斗、无私奉献的高尚品德和人文精神。

关键词：改革开放；乡村小学教师；口述史

一、绪论

（一）研究的背景知识

第一，改革开放以来中国乡村教育的变迁。改革开放以来，中国农村教育

实现了普及程度由“五年”到“十五年”的深刻变化，城乡教育关系从“非均衡发展”到“一体化发展”的战略转变，农村教育管理体制由“人民办”到“政府办”的制度变迁，农村教育结构从“单一”到“多元”的重大转型等。农村教育面貌发生了深刻变化，农村人口受教育水平显著提高，农村教师队伍建设成效明显，农村学校办学条件全面改善，农村教育经费投入逐步增长，农村经济困难群体受教育权日益得到保障。[①]

第二，教师职业地位的历史变迁。总的来说，教师的社会政治地位逐渐由“边缘”走向“中心”。中国古代尊崇“天地君亲师”，其中“师”即教书先生，突显其地位和作用。《荀子·大略》也曾强调：“国将兴，必贵师而重傅，贵师而重傅，则法度存”。韩愈作为长期被尊为正统儒家学派的代表人物之一，也曾作《师说》呼吁：“古之学者必有师”。然而不同的时代，知识分子的地位存在差异，秦始皇曾焚书坑儒，元世祖也有轻视儒生的“九儒十丐”之说，而到了“文化大革命”时期，包括教师在内的知识分子被归为“臭老九”。“总体来说，教书是封建时代知识分子并不情愿的选择，那时的知识分子有上、中、末三途，做官为上，幕僚为中，教书则是末途。可见在我们的真实传统中，末流去教书，教师职业地位并不高。民国时期，专门培养教师的近代师范教育制度逐步建立，教师职业性得以确立，但社会上并不尊重教师，甚至把教师看成是‘孩子王’‘教书匠’。”[②]

中华人民共和国成立以后，以教师为代表的知识分子成为国家建设和发展的重要力量，作用和地位显著提高。但在“文化大革命”动乱时期，知识分子被错划资产阶级属性，受到不公正待遇，作用和地位被边缘化。随着1976年拨乱反正，尤其到1978年12月改革开放实施后，知识分子迎来了久违的“春天”，而作为其中重要力量的广大教师政治地位和社会地位大大提高，党和国家高度重视教育，大力发展教育，全社会逐步形成尊师重教的道德风尚。

第三，改革开放以来农村中小学教师待遇政策的变迁。根据朱新民《改革开放以来农村中小学教师待遇政策变迁研究——以P县为个案》一书，将改革开放以来农村中小学教师待遇政策变迁划分为四个时期。20世纪70年代末至80年代初期（1978—1984年）为第一个时期。这一时期是我国改革开放的

---

① 邬志辉：《中国农村教育：政策与发展（1978—2018）》，社会科学文献出版社，2019年。

② 刘晖：《改革开放30年教师职业地位的变迁》，《中国教师》2008年第76期，第21页。

启动与突破阶段，把工作重点转移到社会主义现代化建设上后，在农村确立了家庭联产承包责任制，极大地激发了农民的生产积极性，农村一片繁荣。在这一时期，党中央、国务院提出了在20世纪80年代全国基本实现普及小学教育的历史任务。20世纪80年代中期至90年代初（1985—1992年）为第二个时期。这一时期改革开放向前推进，乡镇企业异军突起，农村经济得到进一步的发展。1986年，我国制定了义务教育法。在《中华人民共和国义务教育法》第四章中，明确规定了教师享有的权利和需履行的义务，其中值得注意的是："各级人民政府保障教师工资福利和社会保险待遇，改善教师工作和生活条件；完善农村教师工资经费保障机制。教师的平均工资水平应当不低于当地公务员的平均工资水平。特殊教育教师享有特殊岗位补助津贴。在民族地区和边远贫困地区工作的教师享有艰苦贫困地区补助津贴。"20世纪90年代中期至2000年（1993—2000年）为第三个历史时期。这一时期改革开放进入深水区。受90年代末亚洲金融危机冲击，世界经济增长放缓，加上遭遇1998年特大洪水灾害，农村经济受到冲击，城乡差距进一步拉大。教育方面，基本普及义务教育，基本解决民办教师问题，但经济欠发达地区许多县乡财政不堪重负，出现了大面积拖欠教师工资的情况。21世纪初（2001—2007年）为第四个历史时期。国家加大对"三农"的扶持力度，农村的发展出现了新的机遇。这一时期政策以农村税费改革和建设社会主义新农村为中心，推动城乡经济社会统筹，提高农业综合生产能力，因此农民收入增长较快。在教育方面，明确了农村义务教育以县为主的体制，并逐步建立义务教育经费保障机制，2006年对包括教师在内的事业单位工作人员进行了第四次工资改革。①

（二）研究方法的选择和应用

研究主要采取个案研究法、文献研究法和访谈法。研究首先采取个案研究法，对改革开放以来第一代乡村小学教师典型杨光培老师的艰苦奋斗史开展研究，广泛收集有关资料，详细了解、整理和分析研究对象产生与发展的过程、内在与外在因素及其相互关系，以形成深入全面的认识和结论。其次，研究采取文献研究法，在确定研究方向后，搜集乡村小学教师相关文献，并归类整理形成文献综述，从而加深对研究对象的认识。最后，研究采取访谈法，笔者与杨光培老师确定访谈时间地点，并利用两个假期对受访者进行了采访，有助于

① 朱新民（南京师范大学）：《改革开放以来农村中小学教师待遇政策变迁研究》，万方数据，2008年12月。

更深层次地了解以杨光培老师为代表的改革开放以来第一代乡村小学教师的艰苦奋斗史及其工作态度、工作动机等内容。

（三）研究的现象与问题

改革开放初期，人民的物质生活相对匮乏，但人们没有放弃对知识的追求，他们有的出身农村，得到了城市教育的滋养，学成归来，又义无反顾回到农村任教，一生艰苦奋斗，无私奉献。这就是改革开放以来第一代乡村教师的真实写照。本文通过个案访谈，了解他们真实的生存状况及其为乡村教育事业奋斗的历程，探究支撑他们坚守岗位的动力，并通过对访谈结果的分析提出解决乡村教师生存困境的建议措施。

（四）研究的目的与意义

1. 研究目的

本文试图通过对杨光培老师的访谈，以典型见一般，研究改革开放以来第一代乡村小学教师在艰苦条件下的奋斗历史，并试图探索支撑其在困境中坚守的情感动力。杨光培老师已逝，我对杨老的访谈已然成为杨老人生中最后一次追忆往昔。希望借此篇缅怀杨老，记录他曾奋斗过的青葱岁月，歌颂他曾绘就过的教育诗篇，向老一辈为乡村教育事业播洒过汗水的教师们致敬！同时，值此“两个一百年”奋斗目标的历史交汇时期和党的二十大胜利召开，探究改革开放以来第一代乡村小学教师的艰苦奋斗史和其待遇变化，总结我国教育事业取得的发展成就，全面宣传贯彻党的二十大精神。

2. 研究意义

本次调研及其成果有利于在全社会弘扬尊师重道的风气，加强精神文明建设。党的二十大报告强调：“中国式现代化是物质文明和精神文明相协调的现代化。物质富足、精神富有是社会主义现代化的根本要求。物质贫困不是社会主义，精神贫乏也不是社会主义。我们不断厚植现代化的物质基础，不断夯实人民幸福生活的物质条件，同时大力发展社会主义先进文化，加强理想信念教育，传承中华文明，促进物的全面丰富和人的全面发展。”改革开放初期，农村人口占到全国总人口的 82%，同时，我国劳动年龄人口平均受教育年限很低，1982 年，我国 15 岁及以上人口平均受教育年限仅为 5.3 年。1980 年中共中央、国务院发出《关于普及小学教育若干问题的决定》，要求在 20 世纪 80 年代全国基本实现普及小学教育，有条件的地方进而普及初中教育。因此，对我国人民在受教育方面影响范围最广的应为改革开放以来第一代乡村小学教师。挖掘改革开放以来第一代乡村小学教师的艰苦奋斗史，有利于在全社会大力弘扬尊师重道的风气，响应党的二十大号召，加强精神文明建设。此外，有利于丰富改革开放以来乡村小学教师待遇变化相关史料，为相关研究提供参考。

二、研究结果

（一）任教经历

1. 物质条件艰苦

（1）教学环境艰苦

杨光培老师参加工作早期，学校的环境让这位相信知识改变命运，憧憬着光明未来和美好前途的年轻知识分子大跌眼镜。当我询问他当初的学校环境时，杨老师的眉头紧皱，稍稍抬头，“抱怨”道：“撇（四川话，意为差）得很嘛!”我继续追问详细情况，杨老师娓娓道来：

“撇得很嘛。特别有一个，当时学校都没有座位，怎么办？就由每个生产队贡献一张桌子，没有板凳啊，每个村干部就编篾条条，中间包砖块水泥，这就是凳子了。后面慢慢就要好些了，有桌子和板凳了，但还是不齐，高低参差的。但就是在那么艰苦的环境下，没有哪个老师叫苦，都是任劳任怨的，做好自己的本职工作。”①

学校没有座位，桌子需要生产队凑，每个生产队还只能凑出一张。椅子得不到保障，就由村干部亲自动手编篾条、和水泥。在那个温饱都比较成问题的年代，基层村干部温暖贴人心，他们没有摆摆手说“我们也没有办法”，而是扛起镰刀和锄头，去田间地头砍竹子，去工地搬砖块、水泥，整齐划一地坐在村大院里开始他们一天的“编织”。似乎在那个年代，当官不是值得炫耀的事，能在短时期内学会一门手艺并用它来编织孩子们的读书梦，才是值得骄傲的事情。杨老师感叹道：

“艰难得很啊，哪像现在，现在学校的环境真好，莫说桌椅，电脑都是每个教室配备了的。”②

那当时的教材使用的是什么版本的呢，是统一的吗？我追问道。

① 引自第一次采访杨光培老师记录稿，2022年1月9日。

② 同上。

“教材那是五花八门的，四川省的也有，各地的都有。”[①]

教材都无法做到统一，乡村小学教育资源的匮乏、教学任务的艰难、教学难度的巨大是我们无法想象的。

（2）生活环境艰苦

了解完学校环境，我就当时乡村小学教师的待遇情况询问了杨老师。“参加工作后，您的工资和其他待遇是怎样变化的呢？和当时其他职业相比，又有怎样的不同?”

“工资一开始每个月只有十几块钱，后面逐步提高了。2009 年前都是 100 块以下，之后才逐步提高了。不仅老师，学生也艰苦，当年学生勤工俭学，特别是 1975 年，老师带着学生捡粪，放学后卖给生产队，几分钱一斤，每天卖个三五角钱用来买作业本，特别清贫。所以那个时候都叫什么‘狗粪老师’‘狗粪学生’。当时我们最羡慕工人了，工资高，上下班有休息时间。那个时候啊，我们周末都很难休息，要给学生补课，都是无偿的，因为学生落下的功课太多了。那时候学生一早要起来捡粪、割青补贴家用和学费，所以学生来学校的时间都不一样，有的 9 点，有的 11 点，没有定时，因此经常跟不上或完不成功课，周末我们就给学生补课。”[②]

一方面，国家经济不发达，全社会物质条件匮乏，教师工资不足以维持家用，学生没钱购买学具，导致出现教学时段老师要带着学生出校捡粪、割青来补贴家用学用的情况。另一方面，“狗粪老师”“狗粪学生”成为当时老师和学生的谑称，实际反映出教师地位低下和教育得不到重视的窘况。当时的杨老师面临着物质条件艰苦和精神慰藉单薄的双重困境，难免发出“当时我们最羡慕工人了”的感叹。

然而即使面临着这样的困境，杨老师仍然从艰困中找到了解决方法——周末无偿补课。这种方式为学生补上了平时捡粪割青落下的功课，却让他无法帮家里做农活，不仅要舍去自己的休息时间，甚至加重了家里的经济负担。而他这样做的原因，仅仅是为了让学生跟得上学习和完得成功课。对比今天资本控制下的教育机构挥舞“利刃”痛宰孩子和家长，杨老师让他的学生和家长们体验到的是教育的公平、责任和温情。所以，“双减”政策的到来，成功地走出了教育改革的第一步，而“建设高质量教育体系”的提出，让我们看到了中国教育更加光明的未来。

---

① 引自第一次采访杨光培老师记录稿，2022 年 1 月 9 日。

② 同上。

2. 精神慰藉单薄

杨老师在教学岗位上的朝乾夕惕，来源于作为一名教师的幸福和满足。

“我最感动的一次，就是那一次来了 12 个人，12 个我原来班里考上大学的同学来看我。真的让我很感动，都还是很不错的学生。”①

据资料显示：1980 年，高考人数 333 万人，录取人数 28 万人，录取率 8%；1985 年，高考人数 176 万，录取人数 62 万人，录取率 35%；1989 年，高考人数 266 万，录取人数 60 万，录取率 23%。全国数据如此，在乡村培养出大学生，难度可想而知。当这种巨大的成就感充盈着杨老师的内心时，家庭支持的缺位却让这位乡村教师深陷苦恼与折磨。

“那时候工资低，挣的钱只有那么一点，只有靠做农活。那时候都是大集体，家里人抱怨我没回来帮忙做事。”②

说到这里，杨老师眉头微皱，似乎是在想些什么。不一会儿，杨老师终于回过神来补充道：

“困难是难免的，但是没有谁叫苦，这都是作为一个教师应该做的。那时在工资比较低的情况下仍然是要把工作做好，这头一定要努力，要把该做的工作加倍地做好，就是这个样子。”③

面对家庭不支持所带来的苦恼，在物质财富和精神寄托都很匮乏的艰苦环境下，杨老师坚守初心，始终坚持把自己的本职工作做好。我想教师职业的崇高性以及真情付出带来的成就感与满足感，一定是杨老师战胜一切困难的力量源泉。

（二）任教感悟

看到杨老师在艰苦环境下多年如一日的坚守，我试图探究支撑他的情感动力是什么，于是追问道：“杨老师，您能和我们说说，您觉得在教书过程中最大的成就是什么吗?”

“我觉得呢，就是促使一批又一批的学生考出去吧。我教的学生升重点中学的还是不少的。那时候还没有普九（普及九年制义务教育），还在普及小学阶段，不是全部学生都能升初中哦，还是要考的。学生考得好，升学率高一

---

① 引自第一次采访杨光培老师记录稿，2022 年 1 月 9 日。

② 同上。

③ 同上。

点，这就是我们的成就感，这就是自豪感。”①

杨老师的成就感和自豪感来源于培养一批又一批的学生考出去，来源于把自己的本职工作做到了极致。正如他所感动的，12个考上大学的孩子来看他，他们都出自他门下，今天终于用学有所成的荣誉来回报他。

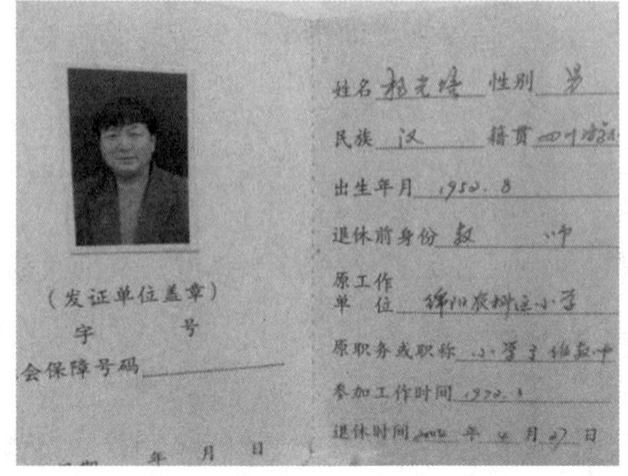

（发证单位盖章）

字 号

会保障号码

年 月 日

姓名 性别

民族 汉 籍贯

出生年月 1950.8

退休前身份

原工作单位

原职务或职称

参加工作时间

退休时间 年 月 日

杨光培老师的退休证

困难如此之多又如此之大，是什么支撑着杨老师坚持下去的呢？我非常好奇地向杨老师问道：“您前面提到了那么多困难，您喜欢自己的工作吗？是什么激励着您一直坚守这份工作呢？”杨老师没有犹豫，坚定地回答道：

“困难难免嘛，大大小小的困难，做什么事情没有困难呢。我还是很喜欢、很热爱这份工作的，感觉有一种归属感。要说什么让我坚持下来，我想，就是看到学生成才后的成就感吧。”②

高小强在《乡村教师的文化困境与出路》中这样描写多年在农村工作的中老年教师的状态：“他们更像是有知识的农民，教师的身份倒像是加在一个优秀的有文化的农民头上的光环。他们的妻子儿女及他们在村庄里的院落是他们与乡土社会紧密联系的纽带，这些教师与当地村民之间没有太大的隔膜，他们似乎也已经在乡土文化中重新找到了归宿，农村就是他们的家，学校不过是和他们家的庄稼地一样的劳动场所，学生就像地里那些需要精心培育的秧苗。”③

故土是这些乡村老师的家，他们离不开世代生存的土地，他们守着自己的学生，就像农民守着自己的一亩三分地，看见一个又一个学生成才就像看着水稻发芽、抽穗，他们乐此不疲地送走一批又一批的学生，自己却不知疲倦地在这块田地抛洒汗水，因为这里永远是他们的家，是他们的希望所在。

这样的一份归属感，支撑着他们越过物质和精神的双重困难，坚守在教书育人的第一线。这份归属感不算伟大，但它给予了一批又一批的乡村教师走出

① 引自第二次采访杨光培老师记录稿，2022年7月5日。

② 同上。

③ 高小强：《乡村教师的文化困境与出路》，《教育发展研究》2009年第20期，第53～55页、第72页。

困境的力量。

怎样才能做好一名老师呢？杨老师给出了这样的答案。

“作为一个教师来说，最重要的，是要给学生做好表率。我们的一举一动，学生都可能跟着做，所以从言语、作风、行动方方面面都要让学生有学习的地方。对学生，要恩威并施，不是对每个学生都要那么严厉，比如说，感情上要和学生多沟通，特别对差生，千万不能去刁难、苛责和忽视他们。这样的学生虽然成绩差，但只要和他多交流，就能找到他学习差的原因。要随时与他亲近，比如找他谈谈心，说些安抚的话，尽最大努力去帮助他。不能说学生差就差，不管他了，那学生只会越来越差。不能只重视优等生，要大家的成绩都起来，整个班级一致向前。比如说有一次，一个学生往我们班美术老师的杯子里倒烟灰，结果我一问，学生不仅不承认，还说老师抽烟，老师怎么能在学生面前抽烟呢？最后查出的结论是平时这个老师对学生很严厉，学生怀恨在心，就想出了倒烟灰的方法。所以说，老师教育学生要宽严有度，更要随时随地给学生起到表率作用。”①

用四个字简单概括杨老师对一名好老师的定义，那便是“为人师表”。一名优秀的老师，必须在知识能力与道德修养两方面作好表率。孔子在《论语》里告诉我们：“其身正，不令而行；其身不正，虽令不从。”陶行知先生也曾教诲：“学高为师，身正为范。”杨老师的回答也给今天以及未来的教师队伍建设提了个醒，对师范生的培养，应全面考察其综合素质，专业知识与技能不该是考核师范生的唯一标准。

三、问题原因分析

（一）物质条件艰苦

由于经济与社会发展相对落后等客观原因，加之自然环境条件的限制，过去尤其是改革开放前，乡村学校普遍存在着教育资源匮乏的问题，如缺乏教材、教具、实验器材等。学校的基础设施差，没有自来水、卫生厕所、标准操场，有些学校甚至没有基本的课桌椅和教室，学生只能在简陋的草棚或土坯房里上课。

许多乡村学校往往都在“老少边穷”地区，当地经济发展水平较低，生活条件较差，有点地方甚至生存环境都很恶劣。这样的条件往往难以吸引外地优

---

① 引自第二次采访杨光培老师记录稿，2022年7月5日。

秀的教师，部分本地教师也会因为各种困难而最终离开或转行，造成当地师资力量非常薄弱。

乡村地区落后的生产条件和经济条件，迫使青壮年必须外出打工挣钱以改善全家生活，从而造成大量留守儿童与留守老人，他们承担起了维持家庭生产生活的重担。因此，许多孩子因为参与农业生产、照顾家庭甚至缺少读书的费用，无法接受正常的教育，教育机会不平等问题比较突出。

（二）精神慰藉单薄

乡村学校往往规模较小，教师数量较少，老师都是一人多职，既要教授不同的科目，又要担任学校的管理工作，教学负担非常重，精神高度紧张，工作压力较大。

乡村教师的工作环境较差，社会地位相对较低，往往被叫为“乡下教书的”，导致他们感到被忽视和不被认可。

乡村教师的薪资待遇普遍较低，尤其是民办教师和代课老师，与城市教师相比存在较大差距，导致他们感到不公平和失落，也导致教师职业受到轻视、教师对职业热爱的缺失以及家人的不支持。

乡村教师往往需要面对家庭生活和经济上的困难，如子女教育、家庭医疗等，导致他们感到焦虑和不安。

乡村教师往往面临职业晋升机会较少、职业发展空间狭窄的困境，导致他们缺乏谋划职业发展的动力和信心。

四、建议措施

（一）针对物质条件艰苦

国家层面。首先，增加财政补贴，使教育资源适当向乡村地区倾斜。其次，加大政策支持力度，大力完善乡村教师保障和激励措施，留住乡村优秀师资力量。

社会层面。首先，要充分发挥收入第三次分配的作用，鼓励全社会爱心人士向乡村教育事业进行爱心捐赠。其次，充分利用各级志愿服务组织力量，在乡村广泛开展教育志愿服务。针对乡村教育问题，各级志愿服务组织和高校应承担起相应责任，建设乡村教育专业志愿服务队，打造乡村教育志愿服务项目，使乡村教育志愿服务活动专业化、项目化、常规化。过去，乡村教育的志愿服务对象往往是留守儿童、困难家庭，笔者认为，可以将乡村教师也纳入服务对象，在帮助乡村学生解决困难的同时，也为部分困难教师排忧解难。

学校层面。首先，要完善教师薪酬激励机制，充分发挥教师工作积极性，增强教师工作满意度和成就感。其次，促进教师专业发展，提升专业理念，更新专业知识，强化专业能力，为教师专业发展提供资源和平台。

（二）针对精神慰藉单薄

在社会层面，大力弘扬尊师重道的社会风尚，发挥大众传媒的文化传递、沟通、共享作用，通过短视频、公众号推文等人民喜闻乐见的方式在全社会传播尊师重道的风尚。着重宣传推广乡村教师的故事，弘扬其无私奉献、艰苦奋斗的精神品质，拓宽乡村教师成就感的来源渠道。

在学校层面，积极组织如重温红色经典影片、节假日慰问退休教师等特色活动，丰富教师的精神生活。

五、总结

曾经艰苦的岁月，也是充满希望的年代。他们在月下编竹条，在清晨割青；他们在田野间穿梭，也在校园里执鞭；他们在清贫中坚守，更在困境里奋斗。乡村教师更像是种星星的人，他们播撒光的种子，辛勤耕耘，呕心浇灌，期待着收获繁星点点。这是他们创造的年代，也是我们奋斗的年代！

很可惜，杨光培老师于 2022 年 12 月因病去世，未能看到此文被辑录出版，谨此表示深深的遗憾和无尽怀念！

作者简介：杨昱洁，女，四川师范大学思想政治教育专业 2021 级本科生。

何谓田野调查中的“访谈”

巢译方

作为质性研究中重要的研究方法之一，“访谈法”被高频地应用于社会科学中的许多学科，那么究竟什么是“访谈”？我们该如何更好地运用？我将会从访谈的三个阶段来进行解读，即访谈中的提问、访谈中的倾听与访谈中的回应。

“访谈”就是研究者“寻访”“访问”被研究者并与其进行“交谈”和“询问”的一种活动。通过访谈，研究者可以深入了解研究对象的观念、经验、态度等内在信息，从而更好地理解研究对象的行为和社会现象。“访谈”是一种研究性交谈，是研究者通过口头谈话的方式从被研究者那里收集（或者说建构）第一手资料的一种研究方法。访谈与日常谈话很不一样，前者是一种有着特定目的和一定规则的研究型交谈，而后者是一种目的性比较弱（或者说目的主要是情感交流）、形式比较松散的谈话方式。[①] 总体而言，访谈是一种“人为”的谈话环境，明显地改变了人们日常交流的结构和风格。那么在质性研究中，访谈究竟有哪些作用呢？首先，他能让研究者了解受访者的所思所想，包括他们的价值观念、情感感受和行为规范，同时也了解受访者过去的生活经历以及他们耳闻目睹的事件，了解他们对这些事件的意义解释；其次，它能针对研究的对象让研究者获得一个比较广阔、整体性的视野，并从多重角度对事件的过程进行比较深入、细致的描述，为研究提供指导，进而事先了解哪些问题可以进一步追问，哪些问题是敏感性问题；第三，它能帮助研究者与被研究者建立人际关系，使双方的关系由彼此陌生变成相互熟悉、相互信任；最后，它还可以使受访者感到更加有力量，因为自己的声音被别人听到了，自己的故事被公开了，因此有可能影响到自身文化的解释和构建。

访谈可分为结构化访谈和非结构化访谈两种类型。结构化访谈一般采用标准化的问卷，研究对象需要按照问题的顺序依次回答问题。这种访谈方式有利于数据的收集和分析，但也有可能限制了研究对象的回答，因为问题的顺序和内容是固定的，不能很好地针对研究对象的个体差异进行调整。非结构化访谈

---

① 陈向明：《质的研究方法与社会科学研究》，《教育科学出版社》，2000 年，第 165 页。

则更加灵活，研究者可以根据研究对象的回答进行深入的追问和探讨，有利于探索研究对象的内在经验和观念，但这种方式也有可能导致难以比较和分析获得的数据。在实际研究中，研究者可以根据研究的目的和问题来选择访谈的类型。如果研究的问题比较明确，需要获取相对准确的数据，那么可以采用结构化访谈。如果研究的问题比较复杂、不确定，需要探索研究对象的内在经验和观念，那么可以采用非结构化访谈。

在访谈开始之前，需要做好以下几方面的准备工作。首先，研究者需要对研究对象的背景和问题进行充分的了解和准备，同时还需要设计好问题和提纲，并对访谈的时间、地点和方式进行安排和预定。其次，协商有关事宜。访谈者在向受访者介绍自己的研究课题时，应该告诉对方他们是如何被选择作为访谈对象的，自己希望从他们那里了解哪些情况。访谈者应该尽量做到坦率、真诚，尽己所能回答对方提出的问题，帮助对方消除疑虑。访谈者还应向受访者本人表示高度的兴趣，通过自己的言语和非言语的行为向对方传递这样一些信息：自己不仅仅希望从对方那里得到有关的信息，而且更重要的是了解对方这个人；对方不仅仅是一个“信息源”，而且更重要的是一个活生生的人，自己很希望了解这个人；自己是一名“学生”，希望从受访者那里“学”到经验，因此希望对方积极配合，毫无保留地对自己这名“学生”进行“指导”。第三，设计访谈提纲。不论是在设计访谈提纲还是正式访谈时，都应该尽量保持一种开放的心态，准备接受受访者不同的反应，然后按照对方的思路深入下去。第四，在进行访谈时，研究者需要保持专注和耐心，认真记录研究对象的回答和非语言信息，同时也应该根据需要进行适当的提问和回应，以便获取更加准确的数据和信息。

在访谈中，研究者还需要注意一些伦理问题，如研究对象的知情和同意、隐私和保密、研究者的职业道德和责任等。首先，在进行访谈前，研究者需要向研究对象介绍研究的目的和方法，并取得其知情和同意。同时，也需要向研究对象说明其参与研究的权利和义务，以便保护其利益和权益。其次，在访谈中，研究者需要保护研究对象的隐私和保密，不得泄露其个人信息和经验。同时，也需要注意保护研究者的隐私和保密，不得将其个人信息和经验用于其他目的。第三，在进行研究时，研究者需要遵守职业道德和规范，保持中立和客观的态度，不得进行欺骗和误导，尊重研究对象的权利和利益。

接下来分别介绍一下“访谈中的提问”“访谈中的倾听”与“访谈中的回应”这三个访谈法里的技巧和过程，正确合理应用它们，能够保证访谈的顺利进行，收集到有价值的信息，并且建立起良好的互动和信任关系。

访谈中的提问是访谈里非常重要的环节，直接关系到数据的质量和有效性。提问应该注意以下几个方面。首先，注意开放性问题和封闭性问题的搭配。开放性问题可以帮助研究者了解研究对象的内在经验和观念，封闭性问题则可以获取具体的信息和数据。研究者可以根据研究的目的和问题，适当搭配这两种类型的问题。其次，注意避免倾向性和引导性的问题。研究者在提问时应尽量保持中立和客观，避免对研究对象的回答进行主观干预或者偏向任何特定的观点或立场。同时，也应该避免对研究对象进行引导，让研究对象自由地表达观点和经验。第三，注意问题的顺序和逻辑性。提问的顺序和逻辑性也很重要，应该尽量遵循一定的逻辑顺序，让研究对象能够清晰地理解问题的意思和要求。研究者也可以根据研究对象的回答，适当调整问题的顺序和内容。

访谈中的倾听也是访谈里不可或缺的一环。研究者需要尊重研究对象的意见和经验，认真倾听和理解研究对象的回答，具体来说可以注意以下几个方面。首先，务必尊重研究对象的意见和经验。在访谈中，研究者应该报以虚心和诚恳的态度，认真倾听受访者的讲述并体察其情感表达。同时，要避免对研究对象进行干扰或者干预。其次，注意非语言信息。研究者在倾听研究对象的回答时，也应该注意非语言信息，如表情、姿态、语调等，这些信息也可以帮助研究者更好地理解研究对象的内在经验和感受。第三，确保倾听的有效性。研究者可以通过反复确认或者澄清回答，确保自己理解了研究对象的意思和要求。同时，也可以反复总结和归纳研究对象的回答，以确保自己对研究对象的经验和观念有一个全面而准确的了解。

访谈中的回应是指研究者对研究对象回答的反馈和提问。作为访谈中的重要一环，回应需要注意以下几个方面。首先，主动回应研究对象的言语和情感。研究者在回应研究对象的言语和情感时，应该主动表现出自己的关注和理解，以便建立起良好的信任和沟通关系。同时，也可以通过适当的表情和语气，让研究对象感受到自己的倾听和关注。其次，在回应研究对象的回答时，研究者应该尽量避免对研究对象的价值观进行评价或者干预，保持中立和客观的态度，尊重研究对象的观点和经验。第三，适时提出问题的澄清和追问。在研究对象回答问题时，研究者有时会遇到模糊或者不完整的回答，这时候可以适时提出问题的澄清和追问，以确保自己对研究对象的回答有一个全面和准确的了解。

通过访谈得到研究结论后，研究结果的成文方式成为最后一个环节。撰写研究报告是开展访谈研究至关重要的一环，每一项研究都需要将最终结果呈现给公众，接受公众的检验。作为研究者和“作者”，我们在与公众分享自己的研究成果时，不仅需要有一定的研究能力和写作能力，而且需要有一定的社会责任感。处理研究结果的方式主要有三种，即类属型、情境型与结合型。

类属型的处理方式使用的是分类的方法，即将研究结果按照一定的主题进行归类，然后分门别类地加以叙述，适用于以下情况：①研究的对象比较多，很难进行个案的呈现；②研究的结果中主题比较鲜明；③资料本身呈现出分类的倾向。此方式的长处是能够比较有重点地呈现研究结果，其逻辑关系清楚，层次分明，且符合一般将事物进行分类的习惯。此方式的弱点是失去了研究的具体场景、被访者的个性特征及生活故事、研究的过程、研究者与被研究者之间的互动过程。

情境型的处理方式注重研究的情境和过程，注重按事件发生的时间序列或事件之间的逻辑关联对研究结果进行描述。此方式的优点是比较生动、详细地描写事件发生时的场景，可以表现当事人的情感反应和思想变化过程，可以揭示事件之间的衔接关系。此方式的缺点是不太符合一般人概念中的“科研报告”，没有将研究结果分门别类地列出来，通常也没有将研究方法和结果分开处理。

结合型的处理方式用类属法作为研究报告的基本结构，同时在每一个类属下面穿插以个案、故事片段和轮廓勾勒；也可以以情境法作为整个报告的主干叙事结构，同时按照一定的主题层次对故事情节进行叙述。

综上所述，访谈是质性研究中一个十分重要的收集资料的方式。访谈的成功不仅需要访谈者将自己的“心”打开，而且需要想办法让受访者打开自己的“心”。只有“心”与“心”之间进行交流，我们才有可能进入“心”的深处，而对“深处”的探究才是访谈的真正使命。

作者简介：巢译方，四川师范大学马克思主义学院讲师、北京师范大学哲学学院思想政治教育博士，马克思主义学院口述史工作坊专业指导老师，主要研究领域：社会学、价值观教育、思想政治心理学。

口述史在思想政治教育中的作用

——以“三线精神”的传承与发扬为例

杨舒茗

“三线精神”是孕育于三线建设伟大实践的历史精神。20 世纪 80 年代中后期，在以攀枝花为代表的三线建设主战场，开始了有关开发建设的总结和精神层面的提炼。2021 年 8 月 30 日，中宣部组织当代中国研究所编写作为党史学习教育的重要参考材料和面向全社会开展“四史”宣传教育的重要用书《中华人民共和国简史》出版，该书在“三线建设及其成就”标题下第一次写上了“三线精神”。在如今推进西部大开发的格局下，“三线精神”发挥着不可替代的重要作用，习近平总书记 2018 年来川考察时强调，要“用好三线建设宝贵财富”①。

20 世纪 50 年代以来，口述史学逐渐发展起来，题材从单纯的国家叙事，转向对个人表述的兼容并蓄。口述史学之于传统史学的意义主要表现在两个方面：第一，口述史学将普通人的生活及其经历作为关注的对象，由此使得国家历史的宏大叙事获得了个体体验的补白；第二，口述史学也给予了原先被忽视了的基层民众获得了表达自己的机会。在口述史学出现之后，这些默默无闻的基层民众成为历史叙事的主体，一方面促使在劳工等基层民众的研究方面取得了相当的进展，另一方面通过社会认同的激发，促成了一些集体性传记的写作。口述史记录了个人的生命过程、社会经历和情感世界，具有主观性和不确定性的特点。然而，我们并不能因为认识到其主观本质就否定它的历史真实性和客观性。口述史代表了一种独特的视角，展示了受访者所经历的变迁，同时也反映了他们在历史变革背景下的个人经历和思考。虽然个人的叙述可能因受到社会、政治和时代的限制而变得与事实有出入，但这个问题并不只在口述史研究中存在，构成传统历史学基石的史籍和档案同样也有可能受到各方面因素的影响导致史料不充分、不确定和具有变动性。此外，由于口述历史通常来自同一群体的不同成员，这种做法提供了比较、对比和证实历史细节和生活事件

---

① 中共攀枝花市委党校、三线建设干部学院：《三线建设文献及研究成果选》，中国文史出版社，2020 年 1 月。

的准确性机会，从而提高了所获得的史料的可靠性和有效性。

以往对于三线建设和“三线精神”的研究，官方文献资料通常采用“宏大叙事”的书写路径。宏大的国家叙事缺少了关于芸芸众生生命历程的交织叙述，意味着在这幅缺少了缤纷的个体补白的史记画卷上，仅凭官方文献描绘出来的三线建设，呈现给世人的只是一段灰白的历史，而包括口述史在内的民间文献“原生态”地再现了三线建设过程中的真实社会景象，对每一个个体的鲜活历史予以应有的重视。口述史用直白的方式，以自下而上的视角来将这幅灰白而悲壮的民族史记染上颜色。讲述者用自己在岁月中沉淀的欲望和努力，去描绘那段栩栩如生的历史，翻开用他们血汗写就的英雄史诗，一面展示着历史的车轮在他们生命历程里留下的辙印，一面高声朗诵着再一次在他们身上发出奕奕光彩的无私奉献精神。记述者将一个个体的生命历程剥开，解析其中的内在纹理，揭示了当时国防军工业最基层的运作方式，反映出普通民众的思想、信仰和观念，层层递进，以此窥见其背后的时代更迭。虽然个人口述不能取代国家叙事，但个人口述可以起到为国家叙事“补白”的作用，它使历史更加全面、生动。而关于口述史的争议常常集中于其史料来源是否真实和材料是否过于主观上，批评者认为口述采访过程中难免会受到个人的偏见、记忆力、情感等主观因素的影响，从而导致记录与事实产生偏差，影响史料的真实性。

虽然近年来关于三线建设和“三线精神”的研究视野有下移的倾向，社会史研究越来越聚焦于普通百姓生活，但微观视野的研究总体还是比较缺乏。近年来，国内学术界对三线建设口述史的收集和研究十分重视并正在形成新的热点，但与宏大的三线建设历史相比仍有巨大研究空间。在口述史整理基础上研究和分析当年“三线精神”的动力形成过程和要素，确定其动力形成机制，可为地方社会发展提供历史参照，探寻有效凝聚人心的科学依据，还能够为中国工业精神的发展浇筑基石，为中西部地区的经济发展提供精神助力。同时，三线建设不仅是工业、交通、教育、新兴城市等方面的建设壮举，更是弥足珍贵的爱国主义情怀史，其研究史料可为思想政治教育工作的开展提供鲜活的爱国主义教育素材。

党中央一贯高度重视历史教育问题，全党在开展“四史”学习教育时，应将“三线精神”与“四史”融合，三线建设策略的制定、建设过程中的曲折历程、改革开放后三线企业的战略转型等等，都与“四史”教育内容有着很高的契合性。党中央领导下的三线建设具有如下显著特点：①所囊括的地区范围广，横跨我国大西南和大西北等内地的十几个省、自治区；②前后持续的时间长，从 1964 年至 1982 年，经历“三五”至“五五”三个五年计划；③投入建设的资源多，共投入 2050 多亿元和几百万建设大军。三线建设取得了巨大的工业成就，这些成就不仅完善了我国西部工业布局，也初步改变了东西部经济发展不平衡的状况，在中国逐步建立了独立的、比较完整的工业体系和国民经济体系，而凝聚于三线建设记忆的“三线精神”，被赋予了强烈的精神文化意义和历史意义，是“四史”教育不可多得的红色资源。

三线建设留下的众多宝贵物质遗产和非物质遗产具有丰富的红色内涵，是开展思想政治教育的重要资源。对于三线建设物质和非物质遗产资源应该加以挖掘、保护和利用，将三线工业遗产结合红色旅游发展，将三线建设文艺作品、口述史等资料纳入思政教育教学体系，尤其应该充分利用三线建设留下的大量珍贵历史文化资料，把三线遗产转化为思想政治教育的教学资源，让学生可以更好地了解中国的现代化进程和战略部署，了解中国的发展过程和历史变迁，从而形成对国家安全和国际形势的正确认识，以及对历史和国家认同的正确认识。同时，让学生更加真切地体会三线建设中数百万工人在为国家的安全和发展而奋斗时，在勇敢面对恶劣生活条件和艰苦工作环境时，他们伟大的革命意志和无私奉献精神，可以极大地增强学生的历史意识和民族认同感，拓宽其国家和国际视野，促进他们全面发展和提高综合素质。此外，三线建设所集中体现的爱国情怀、奉献精神、集体主义信念、创新精神等，也都是学习、理解及践行社会主义核心价值观的鲜活素材。整理承载着“三线精神”的文化作品，并在此基础上开展对这段历史的持续深入研究，从中不断提炼出顺应时代规律且大众喜闻乐见的文化精髓，必将为培育和践行社会主义核心价值观提供新的精神力量。

用口述史助力“三线精神”的传扬，有利于弥补“三线精神”研究中史料不足的缺憾。三线建设既是国史研究也是地方史研究，因此想要仅从某一地区档案馆查档来还原三线建设全貌是失之偏颇的，史料不足是三线建设相关研究缺乏的重要原因，传统文献又难以展示基层劳动者和社会大众的真实想法，而口述资料能在一定程度上反映个人认同、行为及个人与社会结构变迁的复杂关系，所以说口述史方法可以突破以传统历史研究法来研究“三线精神”，因此必须对 20 世纪 60、70 年代身处三线建设的老一辈群体进行大量的访谈工作，了解他们在三线建设过程中的得与失，从多方面进行评价，以充实研究。

用口述史助力“三线精神”的传扬，有利于发挥人民群众在“三线精神”研究中的主体地位。人民群众创造历史，任何研究都无法孤立于群众而深入开展，将口述史方法应用到“三线精神”研究中，必然需要人民群众的广泛参与，因此有利于发挥人民群众在其中主体地位的作用。口述史相比绝大多数的原始资料，可以在更大程度上再造原有的各种立场。三线建设这段历史是广大群众创造出来的，倾听群众的声音是对这段历史的基本尊重。笔者在做口述采访时，三线职工均滔滔不绝，并真诚地希望这段鲜为人知的历史能得到重现，他们是为三线建设贡献最大的一代群体，被誉为“献完终身献子孙”的英雄，因此让其参与到此研究中，不仅有利于充实研究，也是对他们深度关切的回应，更能凸显人民群众在历史进程中的巨大作用。

用口述史助力“三线精神”的传扬，有利于进一步深度剖析“三线精神”。广大职工群体在建设过程中酝酿出宝贵的“三线精神”，可以为新时代劳动者提供不竭的精神动力。“三线精神”体现在职工群体的建设工作、日常生活、人际交往等各个部分，想从官方档案文献中找寻这类事迹是困难的，所以必须通过对职工群体进行访谈获得。三线建设中体现出来的“自力更生、艰苦奋斗”精神，如果不进行大量的口述访谈，很难被形象、生动地展示出来。

高校的思想政治教育是文化传承的重要途径。在高校思想政治教育中继承和弘扬“三线精神”，具有以下三个方面的基本意义。第一，它有助于为进一步丰富思政教育内容提供新方法。将“三线精神”融入思想政治教育是提高学生文化素养、拓展学生知识面和培养高素质人才的重要因素，它为学生提供了了解历史、社会发展和文化传承的独特视角，有助于拓宽学生的视野，提高学生的综合素质。第二，它有利于高校培养一流人才。高校的人才培养旨在促进学生德、智、体、美、劳全面发展，将“三线精神”融入思想政治教育，能够促进学生培养过程中主流文化传播的加强，能够加强学校对学生的全面教育，促进学生形成积极的价值观和坚定的理想信念，培养爱国主义、民族精神和社会责任感，为高校培养一流人才做出贡献。第三，它能够有助于加强学校思想政治教育建设，拓宽党史学习教育方式，为思想政治教育提供新元素。同时，它也能够为三线建设研究提供新的角度，大大丰富三线建设的研究成果。

立足对三线建设的深度研究，如何推动“三线精神”融入高校思想政治教育呢？一是要深入挖掘三线历史，打造以“三线精神”或三线建设为主题的思想政治课程体系。特别是地处三线地区的高校，如果能根据自身特点进行相应的思政课堂创新，将有利于彰显办学特色，促进学校的进一步发展，更利于培育吸引优秀青年人才投入社会主义建设事业。二是要吸引教学人才加入到三线建设研究中来，增强思政教育团队的师资力量。可招纳一些以三线建设为研究对象的兼职教师，将三线研究中最前沿的理念等带到课堂中，开阔学生眼界。在思政课教学团队中开展三线建设史教育培训，邀请三线建设研究领域的专家开设学术交流讲座和专门的学术论坛，推动教学团队形成完整的教学观念。三是创新教育方式。除开传统教学方式以外，可以带领学生参观三线建设博物馆、纪念馆等主题纪念场馆，使学生能够沉浸在三线建设展演场景中，更直观地感受“三线精神”的魅力。同时，让三线建设亲历者向大学生讲述自己的经历，这样的方式也是传播和传承“三线精神”的最有效途径，它能够让大学生们深度探索“三线精神”的内涵与时代价值，实现“三线精神”切实有效融入大学生思想教育过程。

作者简介：杨舒茗，女，西南交通大学马克思主义学院2023级博士研究生。研究方向：中国近现代史基本问题研究。

后记：春风化雨　以德育人

黄雪垠

作为一种职业，教师的特殊性就在于知识性和思想性的高度统一。知识浅薄，无法协调一桶水和一碗水的矛盾；思想滑坡，无法承接塑造灵魂的系统工程。师者，所以传道授业解惑也。所传何道？天地人间之大道。所授何业？安身立命之技能。所解何惑？道和业中不明白的、不能理解的困惑。如果只是传授技能技艺，那是师傅或者师父，能教你天地人间道理的，那才是先生。所谓业师易得，经师难遇，这就是师范教育中师德师风教育必须放在首位的原因。

师范生是储备教师，其师德养成将影响亿万青少年成长。教师的师德是在各种因素影响下形成的，既受个人职业生涯各种经验的影响，也与其所受的教育密切相关。怎样切实有效地加强师德师风培育，是师范院校的重要任务。四川师范大学校训以“重德”为首，“重德”“博学”共同体现了四川师大人“学高为师、身正为范”的教育理念。人之为人，一撇一捺，一撇为德，一捺是才，德才兼备，缺一不可，才能为人。何为有德？“德”字甲骨字形为[illegible]，左边为“行”，右边为“直”，“行”的含义是行动、执行，“直”字则是行动和执行的内容和对象。由此可见，“德”字的核心部分是“直”。《说文》又解：“直，正见也”，通价值的值。所以，“重德”的核心就是要帮助学生树立起正确“值”的观念。

落实立德树人根本任务的“关键课程”是思政课，思政课教师是“关键课程”的“关键主体”。2019 年 3 月 18 日，习近平总书记在主持召开的学校思想政治理论课教师座谈会上提出了思政课老师的“六要”标准：政治要强，情怀要深，思维要新，视野要广，自律要严，人格要正。这“六个要”既是对广大思政课教师提出的要求，更是对全国思政课教师具体工作的指导。四川师范大学思想政治教育专业以教师教育为根本，以师德培养为基础，以学校校训“重德、博学、务实、尚美”为主线，以“厚基础、宽口径、高素质、强能力”为指导原则和基本要求，力求培养出具备良好师德规范、深厚教育情怀、扎实学科素养、卓越教学能力的思想政治学科骨干教师。在专业培养目标中，师德规范居于首位，这体现了该专业鲜明的政治立场。

在师德规范的培育中，“传帮带”是非常重要的一个途径。鼓励学生走出课堂，走进社会，用自己的眼睛去发现身边那些闪耀着伟大师者精神的人，用耳朵去倾听他们过去的故事和对未来的期许，用笔去记录下这些文字，才能用心去认知和铭记这些平凡老师身上巨大的师德力量，最后才能落实到自己的行动中，用自己的师者人生去继承和弘扬优良的师德师风。

马克思主义学院连续举办两次“我身边最美乡村教师”口述史大赛，本书辑录了其中15篇优秀文章，一部分是记录真情实感的记录体文章，一部分是根据访谈内容和田野调查形成的研究性论文。文章的访谈对象都是长期从事中小学教育的老师，教龄最长的34年，最短的2年，涵盖了老中青三代。他们当中，既有曾经的代课教师，也有优秀的教育管理者；既有长期帮扶乡村教育的成都市优秀教师，也有毕生服务于民族地区、偏远山区的乡村教师；既有已经退休多年仍为乡村振兴发光发热的老教师，也有刚刚走上讲台正拼搏奋斗的青年教师。总之，这些不同年龄、不同学科、不同区域的教师，共同谱写了中国基础教育的辉煌篇章。通过对优秀教师的访谈，学生能够从师德培育的客体转变成了主体，从“重德”的认知者、接受者变成了践行者、传承者，完成了“长大后我就成了你”的代代传承。

田野调查作为一种研究方法，不但在大学生学术成长中有着重要作用，同时也能为德育培育提供技术支撑。以田野调查助力德育培育，是因其在精神传承方面具有教育性，在内容方面具有广泛的包容性，在具体行动方面具有实践性，在团队协作方面具有合作性。因此，本书也甄选了两篇关于田野调查的文章，希望给读者提供一些方法借鉴。

感谢“陈驰名师工作室”给予“我身边最美乡村教师”口述史活动的全力支持。

谨以此书，献给所有平凡而伟大的老师！

作者简介：黄雪垠，四川师范大学马克思主义学院思想政治教育系系主任。